샐러드마스터로 요리하기
Cooking with Saladmaster

개정증보판
샐러드마스터로 요리하기
Cooking with Saladmaster

발행일	초판 1쇄 2010년 1월 15일
개정 2쇄	2021년 12월 25일
기획	스토리쿡 편집부
발행인	여상욱
지은이	여왕의식탁 요리연구소
요리자문 및 시연	김오석, 김유희, 박영숙, 윤경애, 윤은숙, 이연화, 이영미, 이정선, 임원자, 정은순, 제갈유태, 허신
발행처	도서출판 앱스톤
주소	경기도 김포시 김포한강3로237번길 9
전화	02-501-0352
팩스	02-6280-0352

Staff

진행·에디터	김시원
포토그래퍼	여상욱
편집디자인	유경아
교정·교열	정정희

이 책은 저작권법에 의해 보호받는 저작물이므로
책에 실린 내용과 사진은 본사의 허락 없이는 무단 복제와 무단 전재를 금합니다.
잘못된 책은 구입처에서 교환해 드립니다.

ISBN 978-89-958299-8-1

20,000원

샐러드마스터로 요리하기

Cooking with Saladmaster

도서출판
APPSTONE

Prologue

오늘날의 라이프 스타일은 우리 모두에게 커다란 과제를 안겨주고 있습니다. 건강을 유지하고 향상시키기 위해, 우리는 건강한 식습관에 의한 영양의 극대화가 필요합니다. 영양을 유지한다는 것은 여러분의 건강을 의미합니다. 건강한 식생활은 삶을 보다 활기차게 만들어줍니다.

Saladmaster는 여러분의 삶을 바꿔드립니다. 샐러드마스터는 시간과 돈을 절약하면서 활동적인 라이프 스타일을 유지하는 데 도움이 되도록 완벽한 요리 솔루션을 제공합니다. 샐러드마스터라는 회사 이름은 1946년에 누구나 사용하기 쉽고 보관이 간편한 샐러드마스터 머신으로 시작되었습니다. 해를 거듭할수록 이 머신은 전 세계적으로 많은 사람들의 각광을 받으며 그 가치를 인정받았습니다. 이러한 혁신적인 디자인의 성공은 그 자체의 기능으로 조리기구의 수요를 창출하였고, 샐러드마스터는 기본적인 고려사항으로 영양과 편리성 그리고 경제성을 충족하는 조리기구의 신기술 개발에 지속적인 투자를 해왔습니다.
독점적이며 특별한 품질인 316Ti는 '316 스테인리스 스틸'에 티타늄을 첨가시켜 새롭게 만든 재질로 전 세계적으로 오직 샐러드마스터만이 사용하고 있으며 전 세계 모든 조리기구 중 가장 위생적인 조리기구 입니다. 이를 사용하시는 여러분은 오늘날 세계 최고의, 최첨단 재질을 사용하여 가장 청결하고 안전한 음식을 여러분 가족에게 제공하게 되는 것입니다.
샐러드마스터 건강 요리 시스템은 그저 품질 좋은 쿡웨어가 아니라 건강한 삶을 위한 필수선택입니다.

Contents

Prologue

1
샐러드마스터의 모든 것
영양을 극대화하는 Saladmaster • 012
비만을 예방하는 Saladmaster • 013
심장 질환을 예방하는 Saladmaster • 014
암을 예방하는 Saladmaster • 015
빠르고, 쉽고 편리한 Saladmaster • 016
요리의 진보 솔루션 Ti • 017
Saladmaster의 특징과 장점 • 018

2
샐러드마스터 활용의 모든 것
세척법 • 019
Saladmaster로 요리하기 • 020
버사-록 손잡이 올바르게 사용하기 • 021
Saladmaster 자주 묻는 질문과 답 • 022
샐러드마스터 건강시스템의 비밀 • 023

3
샐러드마스터 조리의 모든 것

머신 사용하기 • 024

머신 콘(절단 칼날) • 025

올바른 조리기구 선택 • 026

소스 팬 사용하기 • 026

로스터 사용하기 • 026

프라이팬 & 스킬렛 사용하기 • 028

웍 & 브레이저 팬 사용하기 • 029

전기냄비 사용하기 • 029

기타 제품 사용하기 • 030

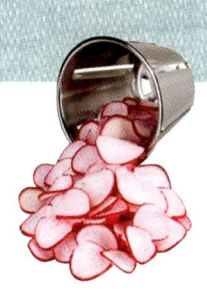

4
샐러드마스터로 요리하기

4.1
한국인의 필수 먹을거리 밥과 죽, 면 요리하기

흰 쌀밥 • 038

표고버섯밥 • 040

오곡밥 • 042

나물밥 / 헛제사밥 • 044

콩나물밥 • 046

북어죽 • 048

약밥 • 050

식혜 • 052

햄 브로콜리 덮밥 • 054

새우 버섯 덮밥 • 056

단호박 수프 • 058

마늘, 고추, 안초비가 들어간 스파게티 • 060

야키우동 • 062

크림소스 스파게티 • 064

집 자장과 자장면 • 066

매운 짬뽕 • 068

쫄면 • 070

쟁반국수 • 072

월남국수 • 074

4.2
따뜻하게 한 그릇 국과 찌개 요리하기

미역국 • 078

사골 우거지국 • 080

시금치 된장국 • 082

홍합국 • 084

냉이 모시조갯국 • 086

아욱국 • 088

북어 해장국 • 090

늙은 호박 된장국 • 092

브로콜리 수프 • 094

조랭이 떡국 • 096

꽁치 김치찌개 • 098

와인 홍합탕 • 100

호박 젓국 찌개 • 102

매운 와인 조개탕 • 104

감자찌개 • 106

갈치찌개 • 108

어묵탕 • 110

계란탕 • 112

4.3
푸릇푸릇 아삭아삭 야채 요리하기

크리스마스 참치 샐러드 • 116

미소소스를 곁들인 아보카도와 새우 • 118

닭가슴살 브로콜리와 미소 드레싱 • 120

산딸기와 참나물 샐러드 • 122

과일 야채 샐러드 • 124

새우 토마토 샐러드 • 126

냉이 초무침 • 128

새콤달콤 파프리카 • 130

구운 두부 칼라 파프리카 샐러드 • 132

쇠고기 샤브 샐러드 • 134

닭가슴살 키위 드레싱 • 136

가지 볶음 • 138

웰빙 카레 • 140

감자전 • 142

4.4
힘이 나는 감칠맛 고기 요리하기

프랑스풍 삼겹살 • 146

등심구이 • 148

스테이크 • 150

돼지 갈비찜 • 152

닭봉 튀김 • 154

돼지고기 편육 • 156

함박 스테이크 • 158

쇠고기 양상추쌈 • 160

돼지 등갈비 강정 • 162

불고기 버거 • 164

안동 찜닭 • 166

부추잡채와 꽃빵 • 168

유산슬 덮밥 • 170

갈비 묵은지 김치찜 • 172

돼지 두루치기 • 174

매운 닭찜 • 176

4.5
파닥파닥 신선 재료로 생선·해물 요리하기

병어 고추장 조림 • 180

고등어 조림 • 182

우럭 매운탕 • 184

우럭 탕수 • 186

자리돔 튀김과 간장소스 • 188

오징어 마 조림 • 190

새우 카레전 • 192

새우 날치알 구이 • 194

오징어 링 해물전 • 196

금태 조림 • 198

도미 조림 • 200

4.6
바삭바삭 고소고소 튀김 요리하기

돈까스 • 204

줄쥐포 튀김 • 206

케이준 치킨 샐러드 • 208

모듬버섯 깐풍 • 210

치킨 마늘 데리야키 덮밥 • 212

부귀새우 • 214

야채 튀김 • 216

대추 인삼말이 튀김 • 218

고등어 데리야키 • 220

4.7
언제나 손이 가는 밑반찬 요리하기

스피드 김 부각 • 224

새송이 장조림 • 226

미역 자반 볶음 • 228

마른 꼴뚜기 생땅콩 조림 • 230

무나물 • 232

유자소스 생선 조림 • 234

오징어 깡장 • 236

뱅어포 • 238

청국장가루 꽈리고추찜 • 240

4.8
행복을 더하는 빵, 과자, 디저트 요리하기

야채 스폰지 케이크 • 244

홍차 쿠키 • 246

영양 찐빵 • 248

밤과자 • 250

호두 미니 머핀 • 252

팥 시루떡 • 254

LA 찹쌀 케이크 • 256

찰보리빵 • 258

생 초콜릿 • 260

미니 초코 타르트 • 262

요구르트 과일 샐러드 • 264

천도복숭아 잼 • 266

토마토 주스 • 268

물 없이 찐 옥수수 • 270

아망드 쇼콜라 • 272

보리 찐빵과 계란찜 • 274

1
샐러드마스터의 모든 것

Saladmaster 의 요리 기술은 맛과 향은 살리고 영양은 극대화합니다.

영양소는 모두 어떻게 빠져나갈까요?
- 껍질 벗기기
- 물을 이용한 조리
- 산화 : 조명, 공기
- 고온으로 조리 ; 끓이기
- 지방과 식용유를 이용한 조리

반진공(Semi-Vacuum) 쿠킹 솔루션

온도를 낮추면 조리기구가 식으면서 내부 공기가 수축되어 반진공상태를 만듭니다. 이는 곧 Saladmaster를 사용함으로써 에너지, 시간, 음식 및 영양의 손실을 줄일 수 있다는 의미입니다.

Saladmaster 조리기구 사용시 평균 영양보존율 : 93%

참고자료 : 미국 위스콘신주 메디슨 소재 위스콘신대학 식품공학과 및 Hazleton 연구소에서 실시한 식품 영양분석

평균 영양보존율 부분 : 연구소에서 실시한 식품 영양분석 결과 당근, 감자, 브로콜리의 평균 영양 보존율은 93%입니다.

당근 88.3%
감자 93.4%
브로콜리 98.1%

물과는 어떤 관계가 있을까요?
당근 테스트 ➡ 색상 = **비타민** | 맛 = **미네랄**

Saladmaster 건강 시스템은 비만과의 싸움에 큰 도움이 될 것입니다.

과체중/비만 증가 현황

1980년도 이후 성인 비만은 두배로 증가했고 어린이 비만은 세배로 늘어났다는 연구기관의 충격적인 통계발표입니다.

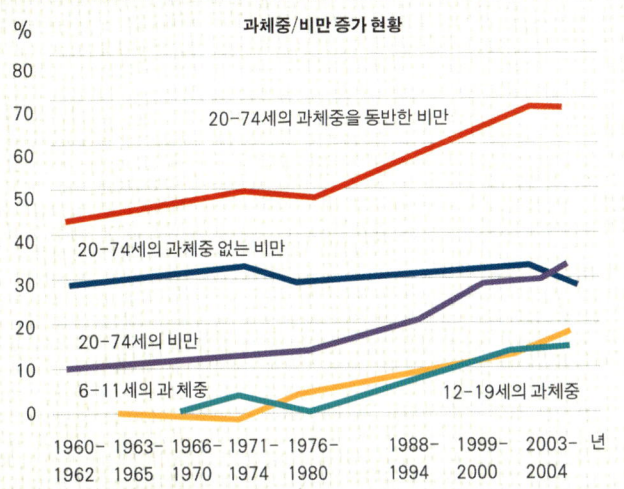

- 2006년도 미국 국립보건통계센터 발표 자료
- 의학박사 Hyattsville의 미국인의 건강(동향)에 대한 연구 보고 자료

Saladmaster 건강 시스템은 비만과의 싸움에 큰 도움이 될 것 입니다.

다음과 같은 질병은 비만에서 비롯됩니다.
신부전증, 동맥경화, 관절염, 결장암, 당뇨병, 심장질환, 뇌졸중, 유방암

해결책은?
영양을 더하여 건강한 육체로.

Saladmaster 건강 요리시스템은 기름과 지방을 제거하여 건강을 지켜줍니다.

지방과 심장질환

여러분 가족의 식생활에서 지방 함량을 줄여야 하는 이유는 무엇입니까? 지방은 동맥벽에 부착되어 플라그를 형성합니다.

조세프 C. 피스카텔과 덴튼 A. 쿨리 박사의 '건강한 심장을 위한 선택'에 따르면 최근 연구결과, 어린이 3명 중 1명이 만 14세 이전에 심장마비를 일으킬 수 있는 위험요소를 가지고 있다고 합니다. 또한 만 7세 이하의 어린이 50% 이상에서 혈관폐색증이 나타났다고 합니다.

여러분 자녀의 건강은 누구의 책임입니까?

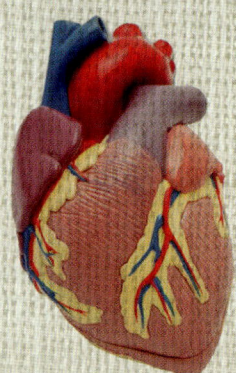

건강한 심장을 지키는 샐러드마스터

Saladmaster 건강한 삶을 위한 솔루션 암 예방 프로젝트

영양에 대한 교육과 연구를 통하여 암 예방 및 생명 연장

의학박사 닐 버나드의 연구결과에 의하면 "채식 위주의 식습관은 암 예방과 생명연장에 아주 중요한 요소입니다." Saladmaster는 건강한 음식을 위한 최상의 조리기구와 조리방법을 제공합니다.

의학박사 닐 버나드,
암 예방 프로젝트와 책임감 있는 의학을
위한 의사위원회(PCRM) 설립자
www.cancerproject.org

요인별 암과의 관련 비율	
식습관	35~60%
흡연	30%
공기와 물의 오염	5%
음주	3%
방사능	3%
의약품	2%

상기자료는 미국 국립암연구소에서 발표한 암 발병률과 원인(워싱턴 DC: 1985), 그리고 R. Doll 과 R. Peto가 발표한 저널(1981, 66(6):1191-308.)에 근거하였으며 기타 요인들은 포함시키지 않았습니다. 술과 담배에 의한 식도암의 경우와 같이 자료가 중복될 수 있습니다.

Saladmaster 요리는 빠르고, 쉽고, 편리합니다.

Saladmaster Solutions는 여러분의 생활입니다!

준비
Saladmaster 머신, 껍질을 벗길 필요 없음

조리
레인지에서 바로 식탁으로, 조리중 '지키고서 있거나' 계속 젓지 않아도 됨
반진공 조리 시스템으로 조리 시간 단축

세척과 보관
빠르고 쉬운 세척, 식기세척기에 사용 가능
조리, 서빙, 보관의 다용도로 디자인, 보관장소를 적게 차지

요리의 진보 솔루션 Ti

316Ti 티타늄 스테인리스 스틸

음식과 직접 닿는 내부 표면의 소재인 316Ti는 부식방지 및 오염방지 능력이 탁월하여 그 어떤 조리기구보다 위생적인 조리가 가능합니다. 다층구조의 열전달 코어는 바닥 면에서부터 측면 윗부분까지 균일하고 빠르게 열을 전달시켜 균일한 조리가 가능하도록 해줍니다. 냄비 외부는 400 시리즈 페라이트 스테인리스 스틸을 이용하여 부식을 견디는 성질이 탁월하고, 가스, 전기, 인덕션 등 모든 가열기구에서 사용할 수 있습니다.

증기 밸브

정확한 온도를 알려주는 증기 밸브 덕분에 낮은 온도로 조리할 수 있어 음식의 영양이 보존되고 맛이 더 좋아집니다.

버사-록 손잡이

착탈식 버사-록 손잡이는 인체공학적으로 설계되었으며 뜨거워지지 않아 조리와 서빙 시에 편안하게 잡을 수 있습니다. 또한 분리가 가능하여 오븐이나 브로일러에서 사용하거나 보관하기도 쉽습니다. 세척도 쉬우며 식기세척기에도 안전합니다.

Saladmaster의 특징과 장점

인체공학적 손잡이
- 들기가 쉬움
- 편안한 그립

반진공 조리 시스템
- 빠른 조리시간으로 에너지 절감
- 음식 고유의 맛과 향, 영양분 유지
- 자동 잠김의 미니 돔형 뚜껑은 음식의 수분을 보호

다층 구조의 열전달 코어
- 뛰어난 열전도성은 바닥과 옆면은 물론 윗부분까지 고른 온도로 완벽하게 조리

316Ti 티타늄 스테인리스 스틸(내부)
- 음식의 품질, 맛과 향을 유지
- 식품의 산, 효소와 화학적 반응을 하지 않음
- 세척이 쉬움

넓고 깊은 모서리 구조

증기 밸브
- 쉽고 믿을 수 있는 온도 조절
- 조리 시 지켜볼 필요가 없음
- 온도를 낮추어야 할 때 신호음 울림, 중불-클릭-약불
- 저온 조리로 에너지 절감

400 시리즈 인덕션 스테인리스 스틸 (외부)
- 인덕션을 포함한 모든 가열방식에서 사용 가능
- 장기간 사용에도 변하지 않는 광택

버사-록 손잡이 시스템
- 헐거워지지 않음
- 탈착식으로 안전하며 오븐, 브로일러 이용이나 서빙 시 사용 가능
- 손잡이가 뜨겁지 않음
- 세척이 쉬움
- 필요에 따라 긴 손잡이와 짧은 손잡이를 교체 사용
- 보관이 편리

2
샐러드마스터 활용의 모든 것

세척법

첫 사용 시 세척하기

버사-록 손잡이를 포함한 모든 Saladmaster 조리도구는 처음 사용 시 세제를 푼 따뜻한 물과 식초를 넣어 세척해주세요. 이것은 제조과정에서 혹시 묻었을지 모르는 오일이나 연마용 성분을 제거하기 위함입니다. 세척 후에는 깨끗하고 따뜻한 물로 헹군 뒤 마른 타월로 물기를 완전히 닦아주세요.

사용 후 세척하기

조리도구의 사용 후에는 버사-록 손잡이를 제거하여 조리기구와 함께 따뜻한 세제 물로 깨끗하게 씻고 마른 행주로 물기를 닦거나 식기세척기로 세척하세요.
연마용 세제나 연마성분이 있는 수세미를 사용하면 광택이 사라질 수 있습니다.

전용 크리너 사용하기

냄비를 뜨거운 물로 씻은 다음에는 전용 크리너를 뿌리고 젖은 행주를 사용하여 원 모양으로 문질러주세요. 뜨거운 세제 물로 잘 씻은 다음 깨끗한 물로 헹구고 물기를 완전히 닦아내세요. 쇠 수세미나 연마제가 함유된 수세미를 냄비 외부에 사용하면 표면이 손상될 수 있습니다.
간혹 조리 중 생긴 염분과 칼슘 등의 침전물로 인한 하얀 막도 전용 크리너를 젖은 행주나 종이 타월 등에 묻혀 가볍게 닦아 주세요.

Saladmaster로 요리하기

냉장고에 보관하던 음식 데우기

냉장고에 보관하던 음식을 데울 때는 약한 온도로 설정하여 조리기구를 천천히 데워주세요. 온도가 갑자기 변할 경우 모양이 변형될 수 있습니다. 뜨거운 냄비를 유리로 된 선반에 놓거나 냉장고에 바로 넣지 않도록 하세요.

Saladmaster로 조리하기 Step by Step

1. 팬의 2/3 정도 되는 크기의 냄비를 사용하세요.
2. 육류 또는 가금류를 조리할 경우에는 팬을 먼저 중불로 예열하고, 과일과 야채 등을 조리할 때는 건조하고 차가운 팬 상태로 사용하세요.
3. 증기 밸브가 클릭 소리를 내면 약불로 줄이세요. (소리가 멈춥니다) 레서피를 따르거나 원하는 상태가 될 때까지 조리하세요.

Saladmaster로 저수분 요리 하기

'중불 - 클릭(밸브 딸랑거림) - 약불'만 기억하세요.

중불로 조리를 시작하여 증기 밸브가 클릭 소리를 내면 약불로 줄여주세요. 불을 낮추면 조리기구가 식으면서 내부 공기가 수축되어 반 진공 상태를 만듭니다.

Saladmaster로 예열하여 조리하기

예열은 2~5분 소요됩니다. 예열이 적당히 되었는지 확인하려면 물방울을 떨어뜨려 보세요. 물방울이 구슬처럼 구르면 예열이 다 된 것이고, 구르지 않고 퍼지기만 하면 예열이 덜 된 것입니다.

뚜껑과 팬 사이의 적절한 밀봉 효과인 수막 현상을 얻으려면 뚜껑의 테두리나 팬의 윗부분 모서리에 음식물이 묻지 않도록 하세요.

버사-록 손잡이 올바르게 사용하기

버사-록 손잡이 부착

레인지 위에서 조리할 때는 항상 버사-록 손잡이를 부착하세요.
긴 손잡이는 프라이팬과 소스 팬에만 사용하고, 짧은 손잡이는 모든
조리기구에 사용할 수 있습니다. 팬에 있는 고정식 스테인리스 스틸
브라켓과 손잡이의 홈을 일치시킨 후 버사-록 손잡이가 제자리에
단단히 걸릴 때까지 브라켓에 대고 밀어주면 됩니다.
손잡이를 부착할 때에는 버튼을 누르지 마세요.

버사-록 손잡이의 제거

조리기구를 오븐이나 브로일러에서 사용하기 전, 또는 식기세척기에
세척하기 전에는 반드시 버사-록 손잡이를 제거하세요.
손잡이 반대쪽의 팬을 잡고 다른 손으로 버사-록 손잡이의 버튼을
아래로 누르면서 바깥으로 당기면 쉽게 제거됩니다.
오븐에서 팬을 사용할 때는 화상을 입지 않도록 조심하세요.

Saladmaster 자주 묻는 질문과 답

Q. Saladmaster 조리기구를 자동 식기세척기에 넣어도 될까요?

A. 식기세척기에 넣어도 됩니다. 단, 손잡이를 부착한 상태로 여러 번 넣으면 손잡이가 헐거워질 수 있으니 반드시 버사-록 손잡이를 제거하여 별도로 세척하세요. 자동세척기에 사용하실 때는 Heat-dry cycle을 사용하지 마시고 Air-dry cycle을 이용하실 것을 권해드립니다.

Q. 불을 낮추어 뚜껑이 밀착된 후에 뚜껑을 열어도 되나요?

A. 꼭 필요한 상황이라면 살짝 열어보세요. 즉시 뚜껑을 덮고 다시 수막이 형성되었다는 신호인 증기 밸브가 클릭 소리를 내도록 뚜껑을 옆으로 돌려주고, 만약 소리가 나지 않으면 증기 밸브가 클릭 소리를 내도록 불을 잠깐 높였다 낮춰주세요.

Q. 센 불로 조리해도 되나요?

A. 파스타나 국수를 삶기 위해 물을 끓일 때처럼 많은 양의 액체라면 중불이나 센 불에서 끓여도 괜찮습니다. 온도가 끓는점에 도달하면 불을 줄이세요. 센불에서 조리하면 냄비 모양이 변형될 수 있습니다. 또한 음식물이 눌어 붙거나 과도한 탈수 현상이 일어날 수 있습니다.

음식을 조리할 때에는 **중불-클릭-약불**을 꼭 기억하세요.

Q. 냄비 안에서 고기나 야채 등을 칼로 썰어도 되나요?

A. 조리도구의 상태를 유지하려면 도마에서 자르는 것이 좋습니다. 필요에 따라 자른 음식을 조리도구에 담아 서빙 하시길 바랍니다.

Q. 냄비 뚜껑을 덮고 불을 켜자마자 증기 밸브가 소리를 내기 시작하는데, 이때 바로 불을 줄여야 하나요?

A. 증기 밸브는 냄비 안의 음식이 약 86도에 도달했을 때 클릭 소리를 내도록 설계되었습니다. 때때로 충분한 온도에 도달하기 전에 느린 클릭 소리가 나기도 하는데 이때도 일반적인 방식으로 조리하세요. 정상 온도에 도달하면 클릭 소리가 멈추었다가 86도에 도달하면 증기 밸브가 다시 클릭 소리를 내기 시작합니다. 소리가 보다 빠르고 일정하게 나는 이때에 불을 줄이면 됩니다.

샐러드마스터 건강 시스템의 비밀은?

과다한 물 또는 기름을 사용하지 않고 저온으로 조리함에 있습니다.

샐러드마스터 저수분 요리는 조리시간이 줄어들어 주방일이 더 쉬워질 뿐만 아니라 영양보존과 맛이 뛰어난 최상의 요리를 드실 수 있습니다.

물을 많이 사용하면 식품의 필수 영양소를 잃고, 기름을 많이 사용하면 불필요한 지방을 추가하게 됩니다. 저온에서 물과 기름을 사용하지 않고 하는 요리는 음식 고유의 맛과 향은 물론 천연 비타민과 무기질을 보장합니다.

샐러드마스터 조리기구를 사용하여 스토브 위에서 굽거나 볶을 경우 대부분의 음식을 조리하는 노동력이 기존 오븐 조리방식의 절반으로 줄어들 수 있습니다.

샐러드마스터만의 독특한 증기 밸브는 반진공 상태를 만들어 조리시간을 줄여주고 불을 끈 후에도 오랫동안 음식을 따뜻하게 유지시켜 줍니다. 샐러드마스터는 여러분의 건강한 삶을 위한 도구를 제공함으로써 여러분의 삶을 건강하게 합니다.

3
샐러드마스터 조리의 모든 것

머신 사용하기

Saladmaster 머신은 다른 어떤 주방도구들과 비교할 수 없는 품질의 기구로 어느 주방에서나 빛을 발휘하는 아름다움과 성능을 자랑하며 평생토록 최고의 서비스를 보장합니다. Saladmaster 머신은 야채뿐만 아니라 덩어리 치즈도 기적같이 잘라줍니다. 정밀하게 만든 이 제품은 사용할수록 경제적인 이득을 가져다주는 주방의 필수 기구입니다. 완벽한 크롬 도금 처리 제품으로 도금이 벗겨지거나 떨어지지 않고 녹이 슬지 않으며 5개로 구성된 콘(칼날)은 뛰어난 성능과 영원한 아름다움을 제공합니다. 슈레더(분쇄용), 스트링거(중간 크기 자르기), 프렌치 프라이어, 씬 슬라이서(칩 만들기), 와플러(모양내기) 등 5개로 구성된 콘을 포함합니다.

머신 콘 (절단 칼날)

사용의 편의를 위하여 각각의 콘 바깥 밑면에 번호가 새겨져 있습니다. 자세한 사용법은 요리 동영상을 참고하세요.

주의 :: 모든 절단용 도구와 마찬가지로 칼날이 예리합니다.
사용할 때 다치지 않도록 세심한 주의가 필요합니다.

1번 콘 - 슈레더

곱게 분쇄하거나 자르는 데 사용하며 치즈나 크래커 또는 견과류 등을 자르는 데 좋습니다. 샐러리, 당근, 감자 등 단단한 야채들을 껍질째 곱게 잘라 요리에 활용하세요. 크래커, 마른 빵 등 요리에 사용하는 부스러기를 쉽게 만들 수 있습니다. 냉동식품을 언 상태에서 자를 수 있으며, 오렌지나 레몬 제스트, 잘게 자른 치즈등을 만들 수 있습니다.

2번 콘 - 스트링거

슈레더보다는 크고 프렌치 프라이어보다는 작은 중간 크기로 자르는 데 좋습니다. 양파는 껍질을 벗기고 반으로 갈라 자르세요. 당근은 껍질을 제거하지 말고 가늘고 길게 잘라 샐러드나 저수분 요리에 사용하세요. 감자는 빠르고 쉽게 해쉬 브라운을 만들 수 있습니다.
치즈를 샐러드나 피자 또는 맛내기용 마카로니 크기로 자를 수 있습니다.

3번 콘 - 프렌치 프라이어

감자나 야채류를 일정하고 쉽게 자르도록 설계되었으며 아주 쉽고 빠르게 자를 수 있습니다. 당근, 순무 등의 단단한 야채를 저수분 조리나 저장용으로 자르기 좋습니다. 신선한 배, 사과 또는 복숭아를 자르기 쉽습니다. 감자를 오븐구이, 또는 프렌치 프라이용으로 쉽게 자를 수 있습니다.

4번 콘 - 씬 슬라이서

감자칩이나 동그랗게 말리는 당근, 양배추 샐러드 또는 약간 두껍게 저미는 용도로 사용합니다. 양파나 피클을 햄버거·샌드위치용으로 매우 얇게 저밀 수 있습니다. 양배추 김치 또는 다짐은 심을 떼어내고 콘에 잎을 측면으로 대고 자르면 됩니다. 오이, 호박, 샐러리 등은 샐러드나 수프 같은 다양한 용도로 사용할 수 있습니다.

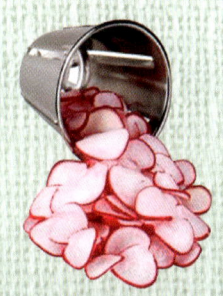

5번 콘 - 와플러

과일이나 야채에 무늬가 생기도록 자를 때 사용합니다. 이 콘은 4번 콘보다 두껍게 잘립니다. 감자나 당근은 껍질을 제거하지 말고 간단하게 슬라이스 하여 조리하세요. 고구마는 껍질을 벗기고 와플 모양으로 잘라 요리하세요. 바나나를 빠르고 예쁘게 잘라 샐러드나 요구르트 파르페 같은 디저트에 사용할 수도 있습니다.

올바른 조리기구 선택

Saladmaster는 용도에 맞는 적합한 팬을 선택하였을 때 최상의 성능을 발휘합니다. 내용물이 2/3가 넘지 않는 크기의 팬이 적합합니다.

소스 팬 사용하기

1Qt. (0.9L, 14.9x6.7cm) 소스 팬
순두부, 계란찜과 같은 소량의 음식을 요리하여 식탁으로, 냉장고 보관까지 할 수 있습니다.

1.5Qt. 소스 팬
1Qt.와 비슷한 용도이지만 야채, 고기국물, 소스, 푸딩 및 기타 소량의 국물이 있는 요리를 하는 데 이상적인 크기로서 독신자나 핵가족은 물론 누구든지 반드시 필요한 다용도 팬입니다.

3Qt. (2.8L, 19.9x9.5cm) 소스 팬 & 스티머 인서트
3Qt. 냄비에는 밥을 하거나 4인 가족 기준 국을 끓일 때 기본적으로 사용하고, 스티머 인서트와 함께 사용하면 신선하게 스팀으로 쪄내거나 냉동음식, 남은 음식을 빠른 시간 안에 데울 수 있고 여과기나 체 등 다목적으로 사용할 수 있습니다.

로스터 사용하기

4Qt. (3.8L, 21.6x10.3cm) 로스터
소량의 음식이나 햄, 치킨 등을 스토브에 요리하기에 적당합니다. 수프나 칠리, 콩, 스튜, 국물요리 등을 주방에서 요리하기에 가장 편하고 적당한 사이즈로 주방의 필수 제품입니다.

5Qt. (4.7L, 23.1x10.9cm) 로스터
스튜, 수프, 백숙 및 로스트 요리에 적합합니다. 또한 7Qt. 로스터나 큰 프라이팬의 높은 돔 뚜껑으로 사용할 수도 있습니다.

7Qt.(6.6L, 25.4x13.3cm) 로스터

냄비를 쌓아 올려 한꺼번에 조리할 때 기반으로 사용하기에 이상적입니다. 더치 오븐으로 사용하려면 5Qt. 로스터를 하이돔 커버로 사용하고, 수프나 스튜 등 가정에서 보통의 불(전기, 가스 등)에서 음식을 요리하실 때는 일반 뚜껑을 이용하세요. 닭이나 칠면조등의 요리에 적당합니다.

10Qt.(9.5L, 27.3x16.5cm) 로스터 & 파스타 쿠커

용량이 많은 국물요리가 가능하고 파스타 쿠커와 같이 사용 시 멸치다시물 내기, 스파게티 삶기, 국수 등 각종 면류 삶기, 한약재 달이기, 주스, 엑기스등 아주 다양하고 폭넓게 쓸 수 있습니다.

16Qt.(15.1L, 34.3x16.7cm) 로스터

랍스터, 수프, 스튜 칠리, 그 밖의 대량의 음식을 조리하는 데 편리하게 이용할 수 있습니다. 10kg의 대형 칠면조 요리도 할 수 있습니다. 샐러드마스터로 칠면조를 조리하면 칠면조 특유의 냄새가 제거되어 더욱 담백한 맛을 즐길 수 있습니다. 특히 곰솥으로 활용하면 담백하면서도 진한 국물맛을 느낄 수 있습니다. 조리기구로서뿐만 아니라 대형 볼 용도로서 많은 양의 음식을 버무리거나 보관할 때에도 아주 편리합니다.

터키 로스터 & 랙

초대형 용량(47x33x20cm)으로 대가족이나 단체행사가 많은 가정의 탁월한 선택으로 최대 10kg짜리 칠면조를 넣고 조리할 수 있으며 햄, 양의 다리, 만찬, 뷔페용 식사 등을 준비하는 데 이상적입니다.
거울처럼 미려한 외관은 펀치 또는 샐러드를 담아내면 아름다움을 더해주고 스테인리스 손잡이는 오븐 사용 시 공간을 적게 차지합니다. 육류의 맛있는 육즙이 가장자리에 그대로 보존될 수 있도록 바닥 중간 부위를 약간 높게 하였습니다.
랙이 포함되어 있어 명절 또는 집안행사에 큰 생선구이나 찜을 해도 아주 좋습니다.

프라이팬 & 스킬렛 사용하기

프라이팬 3종사

8″(20.5x4.4cm), 10″(25.2x4.8cm) 그리고 12″(29.7x4.8cm)로 음식의 양이나 크기에 따라 선택하여 쓰실 수 있도록 구성되었습니다.

스테이크, 찹스테이크, 미트로프, 지방을 제거한 프라이드 치킨 및 프라이팬을 이용한 요리에 식용유를 전혀 쓰지 않고도 고급 레스토랑에서 먹는 듯한 훌륭한 요리를 즐기실 수 있습니다.

경사진 측면은 버섯 볶음, 각종 야채 볶음, 오믈렛, 크레이프, 생선튀김 및 구이와 볶음 요리에 적합합니다.

11″(27.9x27.9cm) 사각 팬

사각 프라이팬의 특징은 샐러드마스터만의 특별한 다층 열전달코어를 채택한 것으로 열전달이 빠르고 균일합니다. 따라서 팬케이크를 구울 때조차 기름을 사용할 필요가 없으며, 프라이팬 전체가 고르게 달궈지므로 4개의 치즈 샌드위치를 동시에 구울 수 있는 아주 효율적인 크기 입니다.

코팅팬의 가장 큰 문제인 환경호르몬 걱정 없이 사용 후 깨끗이 세척할 수 있어 위생적입니다.

8.6″ (1.8L, 18.4x7.0cm) 스몰 스킬렛

아침식사를 준비할 때, 스테이크를 구울 때, 닭가슴살 요리를 할 때, 소량의 육류를 요리할 때, 일반 스토브 위에서 구울 때 또는 야채를 요리할 때 적당합니다.

11″ (3.3L, 25.4x6.5cm) 라지 스킬렛

스테이크나 두텁게 썬 고기, 기름기가 많지 않은 치킨 등을 요리할 때 적당합니다. 조리를 하실 때 일반 뚜껑이나 5Qt. 냄비를 하이돔 커버로 사용해 로스터 하거나 쌓아서 요리하는 것도 가능합니다.

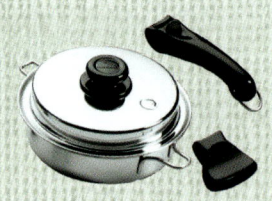

웍 & 브레이저 팬 사용하기

웍(6.6L, 34.3x10.2cm)

각종 야채볶음, 잡채, 고기, 완두콩 등 다양한 요리를 할 때 음식 전체의 모양을 유지해주어 신선하고 위생적으로 조리할 수 있습니다. 각종 야채와 고기류의 볶음 요리는 천연의 맛과 향을 유지시켜 주고 특히 고기의 자연풍미는 그대로 유지시켜 주되 고기 특유의 역한 냄새는 없애줌으로써 건강에 좋고 맛있는 요리를 즐기실 수 있습니다. 웍의 특징상, 바닥은 편평하고 옆면은 경사져 있어 볶음 요리는 물론 작은 용량이나 많은 용량의 다양한 요리가 가능하며 가스, 전기 및 인덕션에서도 쉽게 사용할 수 있습니다.

고메이 웍(미니 웍 5Qt./4.7L, 28x10.2cm)

맵시 있는 미니 웍은 큰 웍과 성능이 동일합니다. 탈부착이 가능한 긴 손잡이는 조리 시 사용이 용이하고 특히 적은 인원의 식사를 준비할 때 쉽고 빠르게 건강요리를 할 수 있습니다.

브레이저 팬(9Qt./8.5L, 34.3x10.2cm)

육류 구이부터 야채 볶음, 치킨 또는 해산물 빠에야, 카레 요리, 야채 혹은 과일 소테 및 기타 건강식 대량의 조리와 김치 겉절이, 많은 양의 샐러드를 버무릴 때 편리합니다. 아름다운 외관은 서빙용으로 사용하셔도 훌륭합니다. 브레이저 팬뚜껑은 16Qt.나 7Qt. 웍과 교환 사용이 가능합니다.

전기냄비 사용하기

오일 스킬렛 (10", 12")

우아하고 다양한 용도의 전기냄비. 특수하게 제작된 '오일 코어'는 밑면과 옆면의 온도를 동일하게 하여 빠른 시간내에 마법같이 완벽한 요리를 제공합니다. 독점 기술인 버사-터치 디지털 전기 제어기는 탈부착이 가능하며 원하는 온도와 타이머를 간편하고 정확하게 설정할 수 있습니다. 전기코드를 제외한 본체는 물에 담가 세척하셔도 안전합니다. 각종 전골류와 찜 등 식탁에서 즉석요리로 따뜻하게 드실 수 있고 프라이팬으로 사용하셔도 기름이 튀지 않아 좋습니다.

MP5(라이스쿡) & MPI

뛰어난 성능의 다용도 냄비는 사용이 간편하고 쉽습니다. 무보충 실리콘 오일 코어 가열시스템 구조로 스토브가 필요하지 않고 밑면과 옆면의 온도를 동일하게 하며 타이머 기능과 보온 기능이 있어 밥솥, 슬로우 쿠커와 수프 냄비로 사용하기에 이상적이고, 특히 죽을 끓이거나 삼계탕 등 탕 요리에 뛰어난 성능을 자랑합니다.

특별하게 설계된 다용도 MPI는 밥과 야채를 완벽하게 조리하는 데 이상적입니다.

기타 제품 사용하기

찻주전자

316Ti 스테인리스 스틸로 만들어졌으며 열전도가 좋습니다.
열원과 최대한 접촉할 수 있도록 바닥을 캡슐 모양으로 처리하여 효율적으로 물을 끓일 수 있고 또한 휘슬 소리로 물이 끓는것을 알려주어 편리합니다.

키친툴 세트

뒤지개, 포크, 스푼, 고체용 스푼, 국자, 스파게티 서버와 편리한 보관통 등 7가지로 구성한 주방용 기구는 다목적인 용도로 사용이 가능하고 위생적이며 주방을 아름답게 꾸며주는 모든 주방의 필수품입니다.

가위

수제 스테인리스 스틸 주방용 가위는 주방의 필수품으로, 분리형이라 세척이 간단하여 위생적이며 녹이 슬지 않고 동전도 자를 수 있을 만큼 강력합니다.

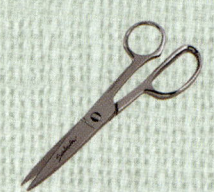

칼 세트

독일에서 디자인한 주방용 칼 세트는 440 스테인리스 스틸로 만들어 탁월한 내구성과 날의 예리함을 자랑합니다.
세트 구성은 파닝 나이프, 보닝 나이프, 산도쿠 나이프, 카빙 나이프, 셰프 나이프, 브레드 나이프, 포크, 칼갈이, 우드블록이며 전체 9개 세트입니다.

푸딩 팬

커스터드나 푸딩 같은 디저트를 준비하는 데 아주 좋습니다.
유틸리티 랙을 7 Qt. 로스터나 큰 스킬렛에 넣고 푸딩팬을 그 위에 얹은 다음 5Qt. 냄비를 뚜껑으로 사용하시면 됩니다. 또한 3Qt. 냄비의 하이돔 커버로 사용할 수 있습니다.

베이크 & 로스트 팬 (22.9x33cm)

캐서롤 디저트 또는 부드러운 고기 구이에 좋습니다.
튼튼하고 세밀하게 만든 이 제품은 영구적이고 세척 또한 빠르고 쉬우며 식기세척기에 사용하셔도 안전합니다.

12″(30.5cm) 멀티 팬

그 이름만큼이나 활용도가 높은 다용도 팬은 폭찹이나 피자, 햄버거 등을 요리하는 데 적합합니다. 또한 약간의 장식을 곁들인 파인애플 케이크를 만들 때도 아주 이상적입니다.

타원 팬

오발(베이킹) 팬은 모양이 아름다울 뿐만 아니라 내구성 또한 좋아 가정에 꼭 필요한 제품으로 과일, 빵 등의 간식이나 요리를 담아 내는 서빙 접시로 사용하면 식탁의 품위가 한결 높아질 것입니다.

투 버너 그리들

그리들에는 온 가족을 위한 스테이크, 폭찹, 양파와 감자볶음 또는 파히타 같은 요리가 이상적입니다. 가볍기도 한 이 기구의 특징은 빠르고 고른 열전도에 있으며 잘 구워짐은 물론 베이킹 판이나 로스팅 팬 또는 서빙용 그릇으로도 쓸 수 있습니다.

6종 베이크웨어 세트

각종 쿠키, 파이 등을 구워낼 수 있는 스테인리스 스틸로 만든 베이크웨어 세트로, 세트 구성은 22.9cm(9″) 케이크 팬 2개와 22cm(9″) 파이 팬 2개 그리고 31.8cmx39.4cm 사각 쿠키팬 2개로 전체 6개이며 각각의 모서리는 부딪쳐도 쉽게 구부러지지 않도록 강도를 보강한 제품입니다.

3종 볼 세트

0.7L, 1.4L와 3.3L 세 가지로 구성된 스테인리스 볼 세트는 전기믹서, 핸드믹서 등과 함께 사용하기 위해 고안되었습니다. 반죽이나 나물무침 등 여러 용도로 활용할 수 있으며 필요에 따라 보관용기로 사용 하셔도 좋습니다.

샐러드 볼

이중벽 진공 구조로 만든 아름다운 볼은 많은 양의 재료를 섞는 용도로 디자인 하였습니다. 특히 샐러드 등과 같이 재료나 음식을 차게 보관할 때 아주 좋으며 볼을 냉동실에 넣었다 꺼내서 사용하시면 더욱 좋습니다.
다양하게 사용할 수 있으며 서빙용으로 사용하셔도 좋고 특히 샐러드 마스터 머신과 함께 사용하면 아름다운 주방이 완성됩니다.

유틸리티 랙 & 컵

랙(철판)은 11″ 스킬렛이나 미니 웍, 7Qt. 로스터와 완벽하게 맞기 때문에 다양한 조합으로 활용할 수 있습니다. 여러 개를 층으로 쌓아 사용할 수 있고, 육류, 생선이나 야채 등의 찜을 하실 때 편리합니다.
다용도의 컵으로는 푸딩, 컵 케이크, 콘 브레드, 머핀, 달걀찜, 아기용 이유식 등을 만들 수 있습니다.

브로일러 랙

브레이저 팬, 웍과 같이 사용하면 크기가 큰 재료들 찜요리나 로스터가 가능하고, 오븐요리 시 식힘망으로 사용하셔도 편합니다.

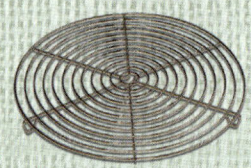

샐러드 마스터로 요리하기

4
샐러드마스터로 요리하기

Saladmaster의 요리 기술은 맛과 향을 살리고 영양을 극대화합니다.
샐러드마스터로 요리한다는 것은 건강을 생각한다는 뜻이고
나와 내 가족에 대한 사랑의 표시이지요.
가정에서 행복한 식탁을 만들 수 있는 요리를 모았습니다.
아래 사항을 확인한 후 요리하세요.

- 특별한 언급이 없는 한, 레서피는 4인 기준입니다.
- 모든 레서피의 불 조절은 강/중/약을 기준으로 합니다.
  (강불은 전기레인지로 9단, 중불은 6단, 약불은 3단 정도를 의미합니다.)
- 조리상태와 각 레인지의 화력에 따라 조절하세요.
- 오일 스킬렛은 전기냄비를, 라이스쿡은 MP5를 의미합니다.
- 레서피를 기준으로 하여 분량을 늘이거나 줄일 때는 적절한 크기의
  조리도구 (음식이 팬의 2/3 정도 되는 크기)를 선택하세요.
- 건강과 맛을 위해 신선한 재료를 사용하고, 건강을 위한 조리법을
  기억하여 활용하세요.

Tip. 건강을 위한 조리법을 기억하세요.

소금(나트륨)
모든 Saladmaster 조리법에서 다양한 방법으로 소금을 제거할 수 있습니다.
음식의 풍미와 맛을 돋우려면 허브와 약초, 향료 등을 사용하세요.

저염 또는 무염 재료를 사용하고 가공식품 사용을 자제하세요.
햄, 베이컨, 소시지 등의 훈제, 절임, 및 소금가공 육류의 사용을 줄이고 신선한 재료들을 사용하세요.
밥이나 면류 및 채소를 조리할 때 물에 소금을 첨가하지 마세요.

지방
포화 지방은 동물성 지방, 유제품, 코코넛유, 팜유 및 팜 핵유 등에서 초래됩니다. 포화 지방산을 함유한 식품을 멀리하고 복합 불포화 지방산을 함유한 식품을 선택하세요. 카놀라유, 땅콩유, 참기름 또는 올리브유 등의 식물성 기름을 추천합니다.

야채
껍질을 제거하지 않은 신선한 야채는 비타민과 무기질의 뛰어난 공급원입니다. 단, 가공 야채류는 멀리하세요.
야채는 미리 씻지 말고, 사용 직전에 세척하세요. 레서피에 특별한 언급이 없다면 껍질을 벗기지 마세요.

육류
단단한 육류를 부드럽게 할 때는 레몬주스, 배즙, 식초, 마리네이드 등 자연 연육제를 사용하세요. 마리네이드를 할 용기는 반드시 스테인리스 스틸 또는 유리 용기로 하고 나무 주걱을 사용하세요.

가금류
소고기나 돼지고기보다는 닭이나 오리 등의 가금류를 선택하세요. 칼로리가 낮으면서 영양성분은 더욱 좋습니다. 껍질을 제거하면 칼로리와 포화 지방이 더욱 줄어듭니다.

생선류
생선류는 칼로리가 적색 육류의 2/3입니다. 생선은 대부분 지방분이 낮으며 불포화 지방인 '오메가3'가 풍부합니다. 연어, 고등어, 송어 및 대구 등 '오메가3'를 많이 함유한 생선을 섭취하세요.

해물요리
해물 중 특히 조개류, 굴, 가리비 등은 콜레스테롤 함량이 낮아 추천하는 재료입니다.

4.1
한국인의 필수 먹을거리
밥과 죽, 면 요리하기

흰 쌀밥
표고버섯밥
오곡밥
나물밥 / 헛제사밥
콩나물밥
북어죽
약밥
식혜
단호박 수프
마늘, 고추, 안초비가 들어간 스파게티
야키우동
크림소스 스파게티
집 자장과 자장면
매운 짬뽕
쫄면
쟁반국수
월남국수
★ Special Recipe 햄 브로콜리 덮밥
★ Special Recipe 새우 브로콜리 덮밥

흰 쌀밥

윤기 자르르하고 입에 착착 감기는 흰 쌀밥과
빨간 물이 예쁘게 든 김치만 있으면 밥 한 공기 뚝딱~
기본 중의 기본인 냄비로 흰 쌀밥 짓기입니다.

재료

멥쌀 2컵, 물 2컵

사용제품

3Qt. 냄비

만드는 방법

1 **주재료 손질하기** :: 멥쌀은 20분 이상 불려주세요.

2 **준비하기** :: 냄비에 불린 멥쌀을 담고 물을 넣어주세요.

3 **끓이기** :: 강불로 밸브가 딸랑거릴 때까지 끓여주세요.

4 **마무리하기** :: 밸브가 딸랑거리면 약약불(전기레인지 1번)로 10분 두었다가 강불로 1~2분 뜸을 들입니다.

Tip1. 찰기가 있는 밥을 원하시면 멥쌀에 찹쌀을 약간 섞어주세요.
Tip2. 뜸 들이는 시간을 4분 정도로 늘이면 맛있는 누룽지를 맛볼 수 있답니다.

표고버섯밥

성인병 예방에 좋고, 칼슘이 많아 골다공증에 좋은 데다
면역력까지 강화하는 표고버섯밥.
온 가족이 표고의 풍성한 향과 맛, 그리고 효능에 반하실 거예요.

재료

마른 쌀 3컵, 생표고버섯 200g, 새송이버섯 100g, 마늘기름(포도씨유 3큰술, 마늘 5쪽), 다시마물 3컵

양념

달래간장(달래 100g, 고춧가루 2작은술, 간장 3큰술, 국간장 1큰술, 참기름 2큰술, 통깨 2큰술, 설탕 1큰술)

사용제품

오일 스킬렛 또는 MP5

만드는 방법

1. **재료 손질하기** :: 표고버섯과 마늘은 편으로 썰고, 새송이는 깍둑썰기를 해두세요. 쌀은 미리 불려두세요.

2. **마늘기름 내기** :: 포도씨유와 마늘을 전기냄비(오일 스킬렛)에 넣어 180도로 예열하면서 마늘기름을 만들어주세요.

3. **밥하기** :: 불린 쌀을 2의 팬에 넣고 다시마물과 버섯을 넣어 R1으로 밥을 하세요.

4. **담아 내기** :: 그릇에 담아 내고 달래간장과 함께 내세요.

Tip. 마늘기름이 들어간 상태 이므로 계속 보온하기보다는 식혀두었다가 전자레인지에 데워 드시는 것이 좋답니다.

오곡밥

정월대보름에 한 해의 건강을 기원하며 먹는 오곡밥. 지역별로 약간 다르기는 하지만 콩과 팥을 중심으로 한 다섯 가지 곡물로 지은 밥이랍니다.
곡물에 따라 단단한 정도가 다르니 손질하기나 불리기에 신경 써주세요.

재료

멥쌀 1컵, 찹쌀 1컵, 팥 50g,
검은콩 50g, 찰수수 50g,
차조 50g, 물 1½컵,
소금 2g
(팥 100g당 물 ½컵 - 삶을 때)

사용제품

3Qt. 냄비

만드는 방법

1. **주재료 손질하기** :: 멥쌀과 찹쌀은 씻은 후 체에 받쳐 30분 이상 두고, 검은 콩과 찰수수는 전날 씻어서 정수된 물에 각각 하룻밤 불려주세요.
2. **팥 손질하기** :: 팥은 두 번 끓여낸 뒤 정수된 물을 붓고 푹 삶아주세요. 마지막 팥물은 밥물로 쓰면 좋아요.
3. **밥물 준비하기** :: 차조는 밥하기 직전에 씻어 건져놓고 물과 소금을 섞어 밥물을 준비하세요.
4. **끓이기** :: 냄비에 모든 재료를 앉혀서 중불로 끓이다가 밸브가 딸랑거리면 1~2분 뒤에 약불로 20분 정도 끓인 후 훌훌 저어서 뚜껑을 닫고 10분 정도 뜸 들인 다음 불을 끄세요.

Tip1. 팥은 깨끗이 씻어 팥이 잠길 정도로 물을 붓고 중불로 끓여 물을 버리는 과정을 두 번 반복하여 손질합니다.

Tip2. 손실해 불려둔 콩이나 팥을 쓸 경우는 분량의 2배 정도를 준비하세요.

나물밥/헛제사밥

제사 음식에는 정성이 많이 들어가서인지, 제사 지낸 후 만들어 먹는 비빔밥은
유난히 맛이 있지요. 제삿상에 올리는 나물들을 일일이 따로 볶지 않고, 손쉽게
만드는 나물밥입니다.

재료

멥쌀 2컵, 다시마 육수 2컵,
고사리 150g, 도라지 150g,
무 150g, 시금치 150g
국간장 1½큰술, 참기름
2큰술

고명

김가루

사용제품

7Qt. 냄비

만드는 방법

1 **주재료 손질하기** :: 멥쌀을 미리 20분 이상 불려두고, 야채 재료들은 2~3cm
  정도 먹기 좋은 크기로 썰어 준비해두세요.

2 **끓이기** :: 불려둔 멥쌀과 시금치를 뺀 모든 재료를 혼합하여 중불에 올린 다음
  밸브가 딸랑거리면 1~2분 뒤에 약불로 줄이세요.

3 **뜸 들이기** :: 10분 뒤 밥 밑으로 시금치를 넣고 10분간 뜸을 들이세요.

4 **내어놓기** :: 그릇에 담기 전 양념을 넣어 비벼서 내세요.

콩나물 밥

간단하지만 영양만점인 콩나물밥. 입맛 없을 때, 반찬이 마땅치 않을 때 한 끼 식사로 딱입니다. 샐러드마스터는 재료 자체의 수분을 이용하기 때문에 밥물 이외의 추가 수분이 필요 없답니다.

재료

멥쌀 2컵, 콩나물 350g, 다시마물 2컵

사용제품

오일 스킬렛

만드는 방법

1 재료 손질하기 :: 멥쌀을 20분 이상 불려두고, 콩나물은 깨끗이 씻어두세요.

2 재료 담기 :: 멥쌀과 씻어둔 콩나물을 냄비에 담고 다시마물을 넣어주세요.

3 끓이기 :: R1으로 맞춰 밥을 하세요.

4 담아 내기 :: 밥이 다 되면 65도로 표시됩니다. 담아 내고 간장(양념장)과 함께 내세요.

Tip. 해물, 고기 등 취향대로 재료를 추가하셔도 됩니다.

북어
죽

단백질이 풍부한 북어는 간기능 회복에도 좋고, DHA도 풍부해서 어른, 아이 할 것 없이 몸에 좋은 재료랍니다. 고소하고 담백한 맛의 북어죽은 해장이나 영양보충으로도 좋은 메뉴입니다. 쉽게 만들어서 맛있게 즐기세요.

재료

찢은 북어 40g, 참기름 2큰술, 쌀 150g, 옅은 육수 7컵(또는 물 7컵+중국수프 1작은술), 계란 1개, 소금 1작은술, 다진 잣 1큰술, 다진 실파 3큰술

사용제품

MP5

만드는 방법

1. **재료 손질하기** :: 쌀을 깨끗이 씻어 30분 정도 불린 다음 건져두고 북어는 잘게 찢어 준비하세요.
2. **재료 익히기** :: 180도로 예열된 MP5(라이스쿡)에 참기름, 불린 쌀, 잘게 찢은 북어를 순서대로 넣고 살살 섞어서 중약불(200도)에서 익히세요.
3. **끓이기** :: 2가 김이 나면 육수 7컵을 넣고 다시 중불로 끓이고 끓으면 약불로 줄여(150도) 한 시간 이상 푹 끓여주세요.
4. **내어 놓기** :: 계란 1개를 풀어 줄알을 친 후 그릇에 소금, 다진 잣, 실파를 곁들여 내세요.

Tip. 육수는 고기 육수나 다시마 육수를 사용하세요.

약밥

쫄깃한 찹쌀과 몸에 좋은 견과류가 가득한 약밥. 요즘은 미리 만들어둔 약밥으로 바쁜 아침식사를 대신하는 분들도 많으시죠? 만드는 방법은 간단하지만 맛과 영양이 가득한 약밥입니다.

재료

찹쌀 2컵, 흑설탕 ½ 컵, 계핏가루 1작은술, 진간장 1큰술, 노두유 1작은술, 참기름 1큰술, 물 1컵

충전물

대추 6알, 해바라기씨 2큰술, 건포도 2큰술, 호박씨 2큰술, 잣 2큰술 (취향껏)

사용제품

1.5Qt. 냄비

만드는 방법

1 **찹쌀 불리기** :: 찹쌀은 1~4시간 충분히 불려주세요

2 **소스 만들기** :: 물에 흑설탕을 넣어 완전히 녹인 후 계피, 간장, 노두유, 참기름을 혼합하여 소스를 만듭니다.

3 **냄비에 넣기** :: 불린 찹쌀과 소스를 다 넣고 중불로 익히세요.

4 **뜸 들이기** :: 밸브가 딸랑거리면 충전물을 넣어 잘 섞어준 뒤 약약불로 20분간 뜸을 들이세요.

식혜

단술, 감주라고도 불리는 식혜는 꼬들꼬들하게 지은 밥으로 만드는 음료입니다.
조상님들은 이 식혜를 식후 소화제로도 드셨다지요.
좋은 사람들과 둘러앉은 행복한 식탁에 곁들여보세요.
MP5를 사용하면 엿기름을 삭힌 물을 부어 끓이는 시간이 절반 정도 단축된답니다.
밥으로 만드는 달콤한 여유를 즐겨주세요.

재료

쌀 3컵, 물 3컵(밥하기),
엿기름 500g, 물 20컵,
설탕 300g, 생강 30g

사용제품

MP5

만드는 방법

1 주재료 손질하기 :: 쌀을 씻어 20분 이상 불려두세요.

2 밥하기 :: 쌀과 물을 동량으로 맞추어 R1으로 밥을 짓습니다.

3 삭히기 :: 엿기름을 20컵의 물에 우려서 맑은 물만 따라 2에 붓고 섞은 후 65도로 3시간 삭혀주세요.

4 끓이기 :: 밥알이 뜨면 설탕, 생강을 넣고 200도에서 끓을 때까지 두었다가 거품을 걷어내고 10분간 끓여주세요.

Tip1. 유자즙을 넣은 유자식혜나 끓인 호박물을 넣은 호박식혜 등 다양하게 변형이 가능합니다.

Tip2. 거품을 걷지 않을 때는 반드시 뚜껑을 열어야 넘치지 않습니다.

햄 브로콜리 덮밥

비타민C가 레몬보다 2배 이상 많은 브로콜리에 아이들이 좋아하는 햄을 함께 넣어 맛있고 간단한 덮밥을 만들어 봐요.

재료

스팸햄 1캔, 밥 2공기, 데친 브로콜리 ½송이, 양파 ½개, 대파 ½대, 홍피망 ½개, 건고추 1개, 마늘 2쪽

소스

생강가루 1작은술, 굴소스 1½큰술, 맛술 1큰술, 육수 1컵, 녹말물 1큰술, 참기름 1큰술, 후추 ¼작은술, 설탕 ¼작은술

고명

꽈리고추 1개

사용제품

미니웍

만드는 방법

1 **향신채소 손질하기** :: 마늘과 대파는 편으로 썰고, 건고추와 꽈리고추는 송송 썰어 씨를 제거합니다.

2 **재료 손질하기** :: 양파, 홍피망, 데친 브로콜리, 햄은 사방 1cm로 네모모양으로 썰어줍니다.

3 **재료 볶기** :: 웍에 기름을 두르고 건고추, 마늘, 대파를 넣어 향신기름이 나오면 햄, 양파, 홍피망 순으로 볶으면서 굴소스, 맛술을 넣어 볶아주세요.

4 **육수 끓이기** :: 육수를 붓고 끓으면 브로콜리, 생강가루, 설탕을 넣은 다음, 녹말물을 넣어 농도를 맞춥니다.

5 **마무리하기** :: 참기름과 후추를 넣고 잘 저어 불을 꺼주세요.

6 **담아 내기** :: 밥 위에 소스를 붓고 중앙에 꽈리고추를 솔솔 뿌려 줍니다.

Tip. 녹말물은 녹말가루와 물을 1:1 동량으로 섞어 넣기 직전에 준비합니다.

새우 버섯 덮밥

새우와 버섯의 씹는 맛이 일품인 새우 버섯 덮밥.

맛과 영양으로 입을 행복하게 만드는 한 그릇 요리. 지금 시작합니다.

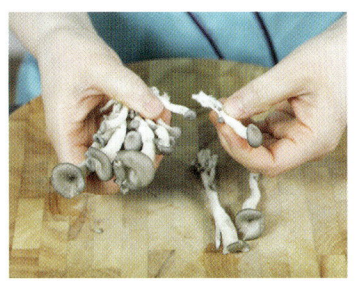
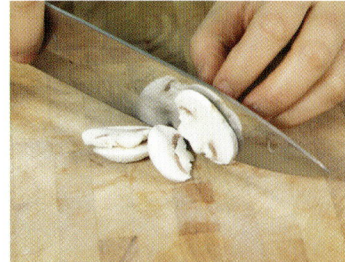

재료

칵테일 새우 200g, 양파 $\frac{1}{2}$개, 대파 $\frac{1}{2}$대, 양송이 6개, 느타리버섯 $\frac{1}{2}$팩, 팽이버섯 $\frac{1}{2}$팩, 마늘 4쪽, 식용유 1큰술, 참기름 1작은술, 육수 1컵, 녹말물 1큰술

양념

굴소스 1큰술, 참치액 1큰술, 설탕 1작은술, 후추 $\frac{1}{4}$작은술

고명

무순 약간

사용제품

미니웍

만드는 방법

1 버섯 손질하기 :: 느타리버섯과 팽이버섯은 먹기 좋게 찢어 두고, 무순은 물에 담가 놓습니다.

2 재료 손질하기 :: 마늘은 모양대로 편 썰고, 껍질 벗긴 양송이, 양파, 대파는 비슷한 크기로 편 썰어 주세요. 칵테일 새우는 씻어, 등쪽에 칼집 넣어 준비합니다.

3 기름 만들기 :: 웍에 식용유를 두르고 마늘과 대파를 볶아 향을 내주세요.

4 재료 볶기 :: 3의 향신기름이 있는 팬에 새우와 양파, 버섯을 차례대로 볶은 다음, 양념을 넣어 볶아 줍니다.

5 육수 끓이기 :: 육수를 넣고 끓으면 녹말물로 농도를 낸 다음, 참기름으로 마무리 하세요.

6 담아 내기 :: 덮밥 그릇에 밥을 담은 다음, 소스를 끼얹고 무순을 올려 장식합니다.

Tip1. 녹말물은 녹말가루와 물을 1:1 동량으로 섞어 넣기 직전에 준비합니다

단호박 수프

호박은 이뇨작용이 뛰어나 부종을 가라앉히고 다이어트에도 좋다고 하죠. 달콤한 맛이 일품인 단호박으로 수프를 만들면 속이 든든하면서도 편안하답니다. 호박을 따로 찌지 않고 모든 재료를 함께 끓여 믹서에 갈아주면 만들기도 아주 쉽지요.

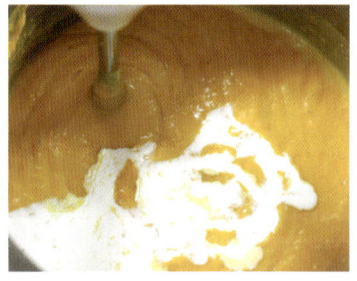 

재료

손질한 단호박 700g,
양파 200g, 치킨스톡 1개,
물 ½컵, 버터 60g, 밀가루
40g, 우유 1컵, 생크림 ½컵,
호박씨 또는 민트잎, 소금,
후춧가루

사용제품

MP5
샐러드마스터 머신

만드는 방법

1 재료 손질하기 :: 단호박은 껍질을 벗기고 2등분한 후 속을 파내고 썰어 700g을 준비하고, 양파와 함께 샐러드마스터 머신 2번 날로 채썰어 준비하세요.

2 루 만들기 :: 냄비를 중약불로 예열한 후 불을 끄고 잔열에 버터를 넣고 녹으면 밀가루를 넣어 볶아 루를 만들어주세요.

3 끓이기 :: 단호박, 양파, 치킨스톡, 물을 넣고 중약불로 끓인 후 약불(100도)에 10분 동안 익혀주세요.

4 농도 맞추기 :: 3을 믹서에 갈고 다시 냄비에 넣어 우유와 생크림을 넣고 끓이면서 농도를 맞추고 호박씨나 민트잎을 고명으로 얹어 담아 내세요. 기호에 따라 소금, 후춧가루를 더하세요.

Tip. 믹서에 갈면 곱게 갈리고, 도깨비 방망이 등으로 갈면 손쉽답니다.

마늘, 고추, 안초비가 들어간 스파게티

흔히 '멸치'로 번역되는 안초비. 이름은 꼭 멸치젓 스파게티 같은 느낌이죠?
처음엔 무슨 맛일까 싶지만 익숙해지면 한국인들에게 아주 잘 맞는 맛이랍니다.
스파게티를 별로 좋아하지 않는 어르신들도 잘 드실 만큼 부담 없는 요리예요.

재료

파스타 200g, 마늘 3쪽, 말린 홍고추 4개, 안초비 3쪽, 블랙올리브 5개, 올리브유 4큰술, 파슬리 약간

사용제품

3Qt. 냄비, 11Inch 스킬렛

만드는 방법

1 재료 손질하기 :: 마늘은 저미고, 홍고추는 동글동글하게, 블랙올리브는 잘게 썰어주세요. 스파게티면은 알 덴테로 익혀주세요.

2 마늘향 내기 :: 팬에 올리브유를 둘러 저민 마늘을 노릇노릇하게 볶고, 향이 나면 말린 홍고추도 볶아주세요.

3 안초비 볶기 :: 2에 안초비를 넣고 약한 불에서 1분간 저어주다가 잘게 썬 블랙올리브를 넣어주세요.

4 버무리기 :: 3에 익힌 면을 넣고 부족한 간을 소금, 후춧가루로 한 뒤 잘 버무려 담아 냅니다.

Tip1. 안초비로 기본 간을 합니다. 소금과 후춧가루는 너무 많이 넣지 마세요.
Tip2. 촉촉한 스파게티를 원한다면 버무릴 때 육수를 ⅔컵 넣어주세요.

일본풍의 볶음우동을 야키우동이라고 하지요.
여러 가지 야채나 해물을 넣고 취향대로 볶아 먹는 별식입니다.
해물을 넣어 감칠맛을 살리고 영양도 더해주세요.

야키 우동

재료

우동면 1개, 모듬 해산물 180g, 양배추 70g, 양파 80g, 대파 20g

양념

데리야키 소스 1작은술, 굴소스 2작은술, 참기름 1작은술

고명

가쓰오부시 약간, 다진 실파 약간, 무순 약간

사용 제품

11Inch 스킬렛, 미니 웍

만드는 방법

1 면 삶기 :: 우동면을 냉동상태로 끓는 물에 1분간 삶아 냉수에 헹궈두세요.

2 야채 손질하기 :: 양배추와 양파는 2x4cm 정도로 썰고, 대파는 어슷썰기로 준비해주세요.

3 재료 볶기 :: 팬에 오일 2큰술을 두르고 해산물, 야채, 삶은 면, 양념 순으로 넣고 볶아주세요.

4 담아 내기 :: 접시에 담고 면 위에 가쓰오부시, 실파, 무순을 뿌려주세요.

크림소스 스파게티

화이트 소스로 고소하게, 버섯으로 건강하게 맛을 내는
크림소스 스파게티입니다. 면을 따로 삶지 않고,
소스만 준비해서 함께 만드는 간편한 스파게티.
크림소스가 너무 느끼하다면 청양고추나
월남고추를 조금 넣어보세요.

재료

파스타 500g, 베이컨 100g, 슬라이스 햄 4장, 양송이버섯 10개, 파프리카 2개, 양파 2개, 물 3컵

소스

화이트소스 : 버터 2큰술, 밀가루 2큰술, 생크림 500cc, 우유 500cc, 소금 1작은술, 후춧가루, 치킨스톡 1개

사용 제품

브레이저 팬, 1.5Qt 냄비

만드는 방법

1 재료 손질하기 :: 양파, 베이컨, 햄, 파프리카는 채썰고 양송이는 모양대로 슬라이스 하세요.

2 소스 만들기 :: 작은 냄비에 버터를 중불로 녹이고 밀가루를 넣고 약불로 5분 정도 볶은 후 우유와 치킨스톡을 넣고 벨브가 딸랑거리면 소금, 후춧가루, 생크림을 넣어주세요.

3 재료 익히기 :: 브레이저 팬에 양파, 스파게티면을 반으로 잘라 넣고 버섯, 베이컨, 햄, 물을 넣고 강불로 가열하세요.

4 담아 내기 :: 2의 브레이저 팬이 딸랑거리면 화이트소스를 넣고 중불로 가열하다 다시 딸랑거리면 파프리카를 넣고 고루 섞어 담아 내세요.

Tip. 새우나 조개, 갑오징어 등을 첨가하여 해물 스파게티도 만들어보세요.

자장면/
집자장

자장면 한 그릇으로 느끼는 행복은 예나 지금이나 변함이 없는 것 같아요.
집에서 만드는 집 자장으로 건강에도 좋은 자장면을 만들어보세요.

집 자장

재료 :: 춘장 400g, 포도씨유 1컵, 미소된장 200g, 설탕 100g, 청주 ½컵, 간장 ½컵

만드는 방법

1 **춘장 끓이기** :: 프라이팬에 포도씨유를 붓고 춘장을 넣어 끓기 시작하면 약한 불에서 10분 정도 표면에 구멍이 숭숭 날 때까지 볶아주세요. 기름은 체에 받쳐 따라두세요.

2 **양념 하기** :: 1에 미소된장과 간장, 설탕, 청주를 넣고 중간 불에서 5분 정도 저어주세요.

3 **보관하기** :: 완성된 집 자장 위에 1에서 따라둔 볶은 기름을 부어 보관하세요.

자 장 면

재료 :: 우동면 400g, 닭 정육 200g, 양파 큰 것 2개, 양배추 100g, 물 2컵, 다진 마늘 1큰술, 다진 생강 1작은술, 청주, 후춧가루, 참기름, 물녹말(녹말가루 2큰술+물 4큰술)

사용제품 :: 오일 스킬렛

만드는 방법

1 **야채 손질하기** :: 양파와 양배추는 사방 1cm로 썰어주세요.

2 **고기 손질하기** :: 닭 정육은 사방 1cm로 깍둑썰기 하세요.

3 **재료 볶기** :: 프라이팬에 기름 2큰술을 두르고 마늘, 생강을 볶다가 중간 불에서 고기를 먼저 넣고 볶아주고, 야채와 청주, 후춧가루를 넣어 볶아주세요.

4 **자장 끓이기** :: 3의 재료가 익으면 끓는 물(또는 육수) 2컵과 집 자장을 넣은 후 끓여주세요.

5 **녹말물 넣기** :: 4의 자장이 끓으면 물 녹말을 넣고 농도가 생기면 참기름으로 마무리하세요.

6 **담아 내기** :: 우동면을 삶아 물기를 제거해 그릇에 담고, 완성된 자장 소스를 얹어주세요.

비 오는 날, 기운 없는 날, 찬바람 부는 날, 술 마신 다음날…
바로 얼큰한 짬뽕이 사랑받는 날이지요.
재료만 준비되면 생각보다 너무나 간단히
시원한 별미를 즐길 수 있습니다.

매운 짬뽕

재료

돼지고기 100g, 오징어 1마리, 홍합살 100g, 조갯살 100g, 새우 50g, 당근 ½개, 배춧잎 2장, 양파 1개, 부추 30g, 생강 1쪽, 마늘 3쪽, 대파 1대, 우동면 4개(약 800g), 포도씨유 2큰술, 고춧가루 3큰술, 굴소스 3큰술, 두반장 1큰술, 간장 1큰술, 소금, 후춧가루

육수

닭 1마리, 물 15컵, 대파 잎 3대, 양파 ½개, 통후추 1작은술, 생강 1쪽, 마늘 5쪽 (치킨스톡 2개로 대체 가능)

사용제품

미니 웍

만드는 방법

1 **주재료 손질하기** :: 돼지고기는 채썰고, 오징어는 칼집을 넣어 채썰고, 홍합살과 조갯살은 소금물에 씻어 준비하세요. 육수 재료는 먼저 끓여두세요.

2 **야채 재료 손질하기** :: 양파, 당근, 배추, 파, 마늘, 생강은 채썰고 부추는 5cm 길이로 썰어 준비, 국수는 삶아서 냉수에 헹구어 준비하세요.

3 **재료 볶기** :: 팬을 달군 후 포도씨유 2큰술에 파, 마늘, 생강을 볶아 향을 낸 다음 돼지고기를 볶다가 야채를 넣고 볶아주세요.

4 **소스 볶기** :: 3에 고춧가루를 넣고 충분히 볶은 뒤에 두반장, 굴소스를 넣고, 끓는 육수를 조금씩 부어가며 충분히 볶아주세요.

5 **육수 넣어 끓이기** :: 4가 끓으면 해물을 넣고 잠깐 끓이다가 나머지 육수를 넣고 간장, 소금, 후춧가루로 간을 하고, 마지막에 부추를 넣어주세요.

Tip1. 국수를 뜨거운 물에 토렴하여 짬뽕 국물을 부어 내세요.
Tip2. 육수는 옆에서 끓이면서 필요할 때 부어야 온도 변화가 없어서 훨씬 맛있습니다.

문득문득 그리워지는 학창시절의 추억.

그중 하나는 방과 후 친구들과 즐겨 먹던 쫄면 같은 간식이 아닐까요?

쫄면 한 그릇, 떡볶이 한 접시와 함께 끝도 없이 이어지던 수다들.

그 시절을 함께했던 친구들이 그립습니다.

쫄면

재료(2인분)

쫄면 240g, 콩나물 50g, 오이 50g, 당근 50g, 양배추 50g, 상추 50g, 계란 1개

양념장

매운 고추장 2컵, 2배 식초 ½컵, 꿀 ½컵, 설탕 4큰술, 소금 1작은술, 양파·배·사과(각각 50g씩 강판에 간 것)

사용제품

1.5Qt. 냄비

만드는 방법

1 **양념장 만들기** :: 양념장은 미리 만들어 숙성시켜 두세요.

2 **콩나물, 계란 삶기** :: 콩나물과 계란을 한 냄비에 넣고 중불(7번)로 가열하세요. 5분 후에 콩나물을 꺼내 얼음물에 담갔다가 건져 물기를 제거하고, 다시 7분 후에는 계란을 꺼내 껍질을 벗겨 반으로 잘라주세요.

3 **야채 손질하기** :: 오이와 당근은 5cm 길이로 채썰고 상추와 양배추도 채썰어 준비하세요.

4 **면 삶기** :: 끓는 물에 쫄면을 넣어 반투명해질 때까지 6~7분 삶아 냉수(얼음물)에 헹궈서 물기를 짜두세요.

5 **담아 내기** :: 그릇에 쫄면을 담고 야채를 돌려 담고 양념장 4큰술씩과 계란을 올려 냅니다.

Tip. 콩나물과 계란을 한 냄비에 삶을 수 있답니다. 무수분으로 요리하세요.

쟁반국수

차가운 메밀국수와 갖가지 야채가 조화를 이루는 쟁반국수, 메밀은 위와 장을 튼튼하게 하고, 질 좋은 단백질을 포하하고 있어 변비와 다이어트, 성인병 예방에도 도움이 된답니다. 더운 여름에 특히 좋고, 담백한 음식과도 함께하기 좋은 별미 입니다.

재료

메밀국수 600g, 쇠고기 200g, 오이 150g, 배 150g, 양배추 150g, 쑥갓 80g, 깻잎 20장, 상추 15장, 삶은 계란 3개, 땅콩 분태 5큰술

양념장

무 100g, 양파 100g, 배 100g, 설탕 6큰술, 식초 6큰술, 고운 고춧가루 4큰술, 고추장 2큰술, 다진 마늘 2큰술, 생강즙 ½작은술, 갠 겨자 1½큰술, 소금 1큰술, 맑은 젓갈 2큰술, 참기름 3큰술, 통깨 3큰술

사용제품

샐러드마스터 머신

만드는 방법

1 양념장 만들기 :: 분량의 양념장 재료는 미리 섞어서 하루 이상 냉장 숙성하세요.

Tip. 양념장의 무, 양파, 배는 즙을 갈아서 사용하세요.

2 재료 준비하기 :: 쇠고기는 편육으로 준비하고 오이는 5cm 길이로 반 갈라서 얇게 슬라이스, 배는 5cm 길이로 얇게 슬라이스 하고 양배추, 깻잎, 상추는 굵은 채를 썰어주세요. 삶은 계란은 계란 커터기로 잘라놓고 쑥갓은 잎을 따서 준비하세요.

3 국수 삶기 :: 국수를 미리 삶아두세요.

4 담아 내기 :: 넓은 접시에 곁들임 재료를 돌려 담고 양념장에 국수를 비벼서 1인분씩 사리를 감아 가운데 담아주세요. 국수 위에 다진 땅콩을 뿌려 냅니다.

Tip. 닭고기를 삶아 만든 닭 육수를 자장면이나 매운 짬뽕에 사용하고, 고기는 고명으로 써도 좋답니다.

월남국수

소화가 잘 되는 쌀국수로 만드는 이국적인 맛과 향의 월남국수.
칼로리가 높지 않아서 다이어트식으로도 좋답니다.
온 가족이 함께하는 주말 점심 메뉴로 강력 추천합니다.

재료

쌀국수 400g, 양파 400g,
(양파절임: 설탕 2큰술+물 2큰술+소금약간)
육수에서 건진 사태, 숙주 600g, 청양고추 10개, 홍고추 5개, 레몬 ½개, 고수(취향껏)

육수 재료

사태 600g, 물 4L, 팔각 1개, 정향 2개, 오레가노 ½작은술, 말린 무화과 2개, 생강 2쪽, 양파 1개, 통마늘 6쪽, 대파 잎 3대, 마른 홍고추 2개,

육수 양념

중국수프 1큰술(또는 치킨스톡 1개), 소금 1큰술, 설탕 1큰술, 간장 1큰술, 맑은 장국(국간장) 3큰술, 다진 파 흰 부분 2대분

소스

피시소스 4큰술, 설탕 3큰술, 물 3큰술, 타바스코 2작은술, 다진 마늘 1작은술, 다진 청양고추 1작은술, 다진 홍고추 1작은술

사용제품

10Qt. 로스터, 3Qt. 냄비

만드는 방법

1 **육수 만들기** :: 사태는 냉수에 1시간 담가 핏물을 뺀 뒤 나머지 재료를 넣고 중불에서 20분 후 약초는 꺼내고 약불에서 1시간 끓여주세요. 고기는 건져서 랩으로 모양 잡아서 얇게 슬라이스 하고, 육수는 2번 필터에 걸러주세요.

2 **육수 양념하기** :: 1의 육수에 육수양념을 넣어 20분 끓여주세요.

3 **곁들임 준비하기** :: 양파는 채썰어서 양념에 절인 뒤 꼭 짜서 냉장보관하고, 숙주는 생으로 준비해 꼬리를 떼두세요. 홍고추와 청양고추는 씨를 빼고 입자 있게 다져 소스에 사용하고, 레몬은 4등분하여 부채꼴 모양으로 썰어 준비하세요.

4 **소스 만들기** :: 피시소스에 나머지 재료를 섞어 소스를 만든 다음 고기를 찍어 먹거나 곁들임 야채를 찍어 먹습니다.

5 **담아 내기** :: 국수를 냉수에 20분 담갔다가 끓는 물에 삶아서 준비한 뒤 그릇에 국수를 담고 뜨거운 육수와 곁들임 야채를 듬뿍 넣어서 내놓습니다.

4.2
따뜻하게 한 그릇 국과 찌개 요리하기

미역국
사골 우거지국
시금치 된장국
홍합국
냉이 모시조갯국
아욱국
북어 해장국
늙은 호박 된장국
꽁치 김치찌개
와인 홍합탕
호박 젓국 찌개
매운 와인 조개탕
감자찌개
갈치찌개
어묵탕
계란탕
★ Special Recipe 브로콜리 수프
★ Special Recipe 조랭이 떡국

미역국

섬유질과 칼슘이 풍부하여 현대인에게 꼭 필요한 미역은
다양한 방법으로 먹을 수 있는데 특히 따뜻하고 부드러운 국이 좋지요.
샐러드마스터는 일반 냄비보다 훨씬 효율적으로 미역국을 끓이기 때문에
미역국 특유의 부드러운 감칠맛을 풍부하게 느낄 수 있습니다.

재료

불린 미역 2컵,
쇠고기(양지머리)
100~130g, 국간장 2큰술,
다진 마늘 1큰술,
참기름·후춧가루 적당히

사용제품

MP5

만드는 방법

1 미역 불리기 :: 마른 미역은 찬물에 담가 불리고 거품이 생기지 않을
때까지 주물러 씻은 뒤 물기를 빼고 먹기 좋은 크기로 썰어 2컵 분량으로
준비하세요.

2 고기 손질하기 :: 쇠고기는 종이타월로 싸서 핏물을 뺀 뒤 채썰어 분량의
국간장, 다진 마늘, 참기름, 후춧가루를 넣고 조물조물 무쳐주세요.

3 재료 볶기 :: 냄비에 참기름을 적당히 두르고 밑간한 쇠고기를 넣어 볶다가
불린 미역을 넣어 좀더 볶아주세요.

4 끓이기 :: 미역의 수분이 없어지면서 고소한 냄새가 퍼지면 분량의 물을 부어
센 불(230도)에서 끓여주세요.

5 담아 내기 :: 국물이 끓어오르면 국간장으로 간을 하고 맛이 우러나도록
중불에서 20분 끓여준 뒤 담아 내세요.

Tip1. 쇠고기와 미역은 충분히 볶아야 참기름이 따로 돌지 않습니다.
Tip2. 붉은 고추채를 고명으로 올리면 더욱 먹음직스럽답니다.

사골 우거지국

사골국은 푸짐하게 끓여야 제맛이지만, 막상 며칠 먹다 보면 질리게 되지요. 이럴 때 사골 우거지국을 끓여보세요. 구수한 우거지와 뽀얀 사골 국물이 만들어내는 환상의 궁합. 한 그릇 뚝딱 먹고 나면 힘이 절로 납니다.

재료

우거지 500g, 사골 국물 8컵, 된장 3큰술, 다진 마늘 2큰술, 고춧가루 2큰술, 국간장 1큰술, 볶은 소금 적당량, 붉은 고추 1개, 청양고추 1개, 대파 ½ 대

사용제품

MP5

만드는 방법

1 우거지 데치기 :: 우거지는 끓는 물에 데쳐서 물에 3시간 정도 담가 특유의 냄새를 없애주세요.

2 데친 우거지 손질하기 :: 1을 물에 2~3번 헹구어 물기를 꼭 짠 뒤 먹기 좋은 크기로 숭덩숭덩 썰어주세요.

3 양념하기 :: 우거지에 된장, 다진 마늘, 고춧가루, 국간장, 소금을 넣고 무친 뒤, 사골 국물을 끓이다가 양념한 우거지를 넣고 끓여주세요.

4 담아 내기 :: 씨를 뺀 고추와 대파는 어슷하게 썬 후 끓고 있는 국물에 넣은 뒤 그릇에 담아 내세요.

시금치 된장국

시금치 하면 힘센 뽀빠이가 생각나지요?
실제로 시금치에는 영양이 많고 항암효과도 있답니다.
시금치를 넣은 된장국은 맛이 부드럽고 만들기도 간편해
자주 끓이게 되지요. 맛을 낸다고 조개를 너무 오래 삶지 않도록 하세요.

재료

시금치 140g, 모시조개 12개, 물 5컵, 된장 2큰술, 대파 1대, 다진 마늘 $\frac{1}{2}$큰술, 소금 약간

사용제품

3Qt. 냄비

만드는 방법

1 조개 국물 준비하기 :: 냄비에 해감한 모시조개를 담고 분량의 물과 소금 약간을 넣고 끓여주세요. 밸브가 딸랑거리고 조개가 입을 벌리면 불에서 내려 면보를 깐 체에 국물을 맑게 거르고 조개는 건져두세요.

2 야채 손질하기 :: 시금치는 끓는 물에 살짝 데쳐 찬물에 헹군 다음 물기를 꼭 짜서 먹기 좋은 크기로 자르고 대파는 깨끗이 다듬어 씻은 뒤 어슷하게 썰어 준비해주세요.

3 국물 끓이기 :: 냄비에 1의 조개 국물을 붓고 된장을 푼 뒤 끓여주세요.

4 담아 내기 :: 국물이 끓어오르면 데친 시금치와 건져둔 조개, 다진 마늘을 넣고 어슷 썬 파를 넣어 잠깐 끓인 다음 불에서 내리세요.

Tip. 모시조개는 솔로 문질러 깨끗이 씻은 다음 연한 소금물에 담가 하룻밤 정도 두어 해감하세요.

홍합국

뽀얀 국물, 통통한 식감. 홍합은 살도 맛있지만 무엇보다 국물 맛이 일품이죠.
샐러드마스터는 요리 재료 자체의 간을 지켜주는 특성이 있어서
소금을 많이 넣을 필요가 없어요.

재료

홍합 500g, 물 8컵,
마늘 2쪽, 대파 $\frac{1}{2}$대, 소금,
후춧가루 적당량

사용제품

7Qt. 로스터

만드는 방법

1 **주재료 손질하기** :: 홍합은 수염을 뜯고 껍데기를 다른 홍합이나 솔로 문질러 깨끗이 헹궈두세요.

2 **야채 손질하기** :: 마늘은 편으로 썰고 대파는 어슷 썰어 준비해주세요.

3 **끓이기** :: 냄비에 물과 홍합을 담아 한소끔 끓인 뒤 마늘과 대파를 넣고 부족한 간은 소금·후춧가루로 맞춰주세요.

Tip. 홍합은 살을 발라먹는 재미가 있고, 홍합 자체에 간이 되어 있으니 재료 분량보다 더 많이 넣어도 된답니다

냉이 모시 조갯국

봄 향기가 가득한 냉이와
시원한 국물의
모시조개가 만나
만들어내는
환상적인 맛.
몸에 좋은 냉이는
건강에 더 좋도록
깨끗이 씻어
뿌리째 넣어주세요.

재료

냉이 350g, 모시조개 200g, 물 5½컵, 대파 ½대, 다진 마늘 ½큰술, 된장 1½큰술, 고춧가루·국간장 약간

사용제품

4Qt. 로스터

만드는 방법

1 **조개 국물 준비하기** :: 냄비에 해감한 모시조개를 담고 분량의 물을 부어 끓여주세요. 조개가 입을 벌리면 불에서 내려 면보를 깐 체에 국물을 맑게 거르고 조개는 건져두세요.

2 **야채 손질하기** :: 냉이는 지저분한 잎을 떼고 뿌리의 흙을 긁어낸 뒤 깨끗이 씻어 물기를 빼고, 대파는 손질한 뒤 어슷하게 썰어주세요.

3 **국물 끓이기** :: 냄비에 조개 국물을 붓고 된장을 푼 뒤 불에 올리고, 국물이 끓으면 냉이를 넣어주세요.

4 **거품 걷기** :: 냉이가 부드러워지면 건져놓은 조개와 다진 마늘을 넣고 끓여주세요. 이때 떠오르는 거품은 걷어내세요.

5 **담아 내기** :: 알맞게 끓어 국물 맛이 어우러지면 대파를 넣고 고춧가루를 푼 뒤 국간장으로 간을 맞추세요.

Tip. 모시조개는 솔로 문질러 깨끗이 씻은 다음 연한 소금물에 담가 하룻밤 정도 두어 해감하세요.

아욱국

기를 돋우고 오장육부를 잘 다스린다는 아욱은 변비에 좋고 한방 재료로도 쓰이는 귀한 야채랍니다.

샐러드마스터 냄비로 요리하면 재료 속의 영양분이 열이나 수분에 의해 파괴되지 않기 때문에 귀한 재료를 사용하는 음식에 더 잘 어울린답니다.

재료

아욱 300g, 마른 새우 ¼컵, 대파 ½뿌리, 붉은 고추 ½개, 된장 2큰술, 다진 마늘 1큰술, 고춧가루, 소금·후춧가루 약간, 다시마 육수 5컵

사용제품

4Qt. 로스터

만드는 방법

1 **야채 손질하기** :: 아욱은 줄기의 실 같은 껍질을 벗겨낸 다음 손으로 주물러 씻고 푸른 물을 뺀 뒤 찬물에 2~3번 헹궈두고, 대파와 붉은 고추는 어슷하게 썰고 고추씨는 털어두세요.

2 **마른 새우 준비하기** :: 마른 새우는 머리, 다리, 꼬리를 떼어내고 체에 담아 흔들어 티끌을 없앤 뒤 젖은 면보로 먼지를 살살 닦아두세요.

3 **국물 끓이기** :: 냄비에 손질한 마른 새우를 넣고 분량의 다시마 육수를 부은 뒤 체에 된장을 곱게 풀어 넣고 끓여주세요. 국물이 끓어오르면 손질한 아욱과 대파, 고추를 넣어 끓여주세요.

4 **담아 내기** :: 한소끔 끓여 아욱이 부드러워지면 다진 마늘과 고춧가루를 넣고 잠깐 더 끓이다가 소금과 후춧가루로 간을 맞춰주세요.

4.2 따뜻하게 한 그릇 국과 찌개 요리하기

북어 해장국

몸에 좋은 북어로 속 시원한 북어 해장국을 끓여봅니다. 시판 중인 찢은 북어포가 아니라 통북어를 쓴다면 육수 낼 때 북어머리도 함께 넣어보세요. 더 진하고 구수한 맛을 느낄 수 있답니다.

재료

찢은 북어포 100g, 계란 2개, 실파 50g, 붉은 고추 1개, 국간장 1작은술, 참기름 1/2 작은술, 밀가루 1큰술, 소금 · 후춧가루 약간, 다시마 육수 5컵

사용제품

3Qt. 냄비

만드는 방법

1. **재료 손질하기** :: 물에 촉촉이 적셔 불린 북어는 물기를 꼭 짠 뒤 밑간을 하고, 실파는 다듬어 씻은 뒤 4cm 길이로 썰고, 붉은 고추는 반으로 갈라 씨를 턴 뒤 채썰어 두세요.

2. **북어 준비하기** :: 북어포에 간이 배면 밀가루를 고루 묻힌 뒤 잘 푼 계란에 담가주세요.

3. **끓이기** :: 냄비에 분량의 다시마 육수를 부어 끓이다가 계란물에 담근 북어포를 하나씩 건져 넣어주세요.

4. **간 맞추기** :: 북어포가 국물 위로 떠오르면 실파와 붉은 고추를 넣고 한소끔 더 끓인 뒤 소금과 후춧가루로 간을 맞추어 담아 내세요.

Tip. 북어포 밑간은 국간장 ½큰술, 다진 마늘 ½큰술, 참기름 1작은술, 후춧가루 약간으로 해주세요.

늙은 호박 된장국

달근한 맛이 나는 늙은 호박 된장국.
늙은 호박은 부기를 빼주어 다이어트에도 좋답니다.
샐러드마스터 머신으로 늙은 호박을 썰면 손쉽게 손질할 수 있습니다.

재료

늙은 호박 500g, 배추 100g, 대파 1대, 붉은 고추 1개, 표고버섯 3개, 된장 3큰술, 국간장 약간, 다진 마늘 1작은술, 국물용 멸치 10마리, 다시마 10x10cm 1장, 물 5컵

사용제품

3Qt. 냄비

만드는 방법

1 늙은 호박 손질하기 :: 늙은 호박은 반으로 갈라 속과 씨를 긁어낸 뒤 껍질을 벗기고 머신 5번 날로 썰어두세요.

2 육수 내기 :: 냄비에 분량의 물을 붓고 손질한 멸치, 다시마, 표고버섯을 넣고 끓이다 끓어오르면 다시마를 먼저 건져내고 중불에서 뭉근히 끓인 뒤 체에 받쳐 국물만 맑게 걸러주세요. 표고버섯은 건져서 따로 둡니다.

3 야채 손질하기 :: 배추는 씻어서 길게 가르고 대파와 붉은 고추는 어슷하게 썰어주세요. 표고버섯은 기둥을 떼고 채쳐 두세요.

4 국물 끓이기 :: 냄비에 2의 육수와 늙은 호박, 배추를 넣고 끓이다가 끓어오르면 된장을 풀어 넣어주세요.

5 담아 내기 :: 맛이 어우러지면 대파와 붉은 고추, 표고버섯을 넣고 팔팔 끓인 뒤 국간장과 다진 마늘을 넣고 소금으로 간을 맞춰주세요.

브로콜리 수프

간단한 재료로 풍성한 맛을 내는 브로콜리 수프입니다.
버터에 밀가루를 볶는 '루' 만드는 방법을 익혀두면 다양한 양식요리에 이용할 수 있어요.

재료

브로콜리 ¼개, 양파 ½개, 밀가루 1큰술, 버터 2큰술, 물 ½컵, 생크림 ½컵, 소금 ⅓작은술, 후추 약간

사용제품

프라이팬, 1.5 Qt. 냄비

만드는 방법

1 재료 손질하기 :: 양파는 채 썰고 브로콜리는 깨끗이 씻어 작은 송이로 준비합니다.

2 재료 볶기 :: 양파와 브로콜리를 버터에 볶아 덜어두세요.

3 루 만들기 :: 밀가루와 버터를 넣고 타지 않도록 볶아 화이트 루를 만들고, 물을 넣고 부드럽게 풀어줍니다.

4 수프 끓이기 :: 볶아둔 야채를 다시 넣어 살짝 끓인 다음, 믹서에 곱게 갈아주세요.

5 간 맞추기 :: 곱게 갈은 수프를 냄비에 넣고, 생크림을 넣고 좀 더 끓이고, 소금, 후추로 간 하여 마무리 합니다.

Tip1. 수프 위에 치즈나 부순 크래커를 올리면 고소함과 담백함을 느낄 수 있어요.

조랭이 떡국

귀여운 아령같이 생긴 조랭이 떡.
개성에서 유래한 조랭이 떡은 깜찍한 모양이라 꼬마들이 특히 더 좋아해요.

재료

조랭이떡 500g, 닭 육수 8컵, 국간장 1큰술, 소금 1큰술, 참기름 약간, 마늘가루 ½큰술, 대파 ½대

고명

삶은 닭살 200g, 소금 1작은술, 참기름 1작은술, 깨소금 1큰술, 황백지단 약간, 김가루 약간

사용제품

웍

만드는 방법

1 고명 준비하기 :: 닭을 삶아 육수를 내고, 살은 먹기 좋게 찢어 양념합니다. 계란으로 지단을 만들고, 김을 잘 구워 곱게 부수어 김 가루를 준비합니다.

2 떡국 끓이기 :: 육수에 국간장, 소금, 마늘가루를 넣고 끓으면 조랭이 떡을 넣고 바닥이 눌어붙지 않도록 가끔 저어 줍니다.

3 마무리 하기 :: 떡이 떠오르면 대파와 참기름을 넣고 한소끔 끓이다가 불을 꺼주세요.

4 담아내기 :: 조랭이 떡국을 담고 고명을 예쁘게 담아 냅니다.

꽁치 김치찌개

꽁치는 비타민D가 많아 뼈를 튼튼하게 해줍니다. 꽁치 캔을 사용하면 뼈째 먹을 수 있어 튼튼한 뼈 만들기에 최고랍니다. 신 김치와 함께 매콤한 꽁치 김치찌개를 시원하게 즐기세요.

재료

꽁치 캔(中) 1개,
신 김치 ¼쪽, 멸치 육수
1컵, 양파 ½개, 대파 1대,
청·홍고추 1개씩

양념

다진 마늘 ½큰술, 고춧가루
1큰술, 설탕 ½작은술,
소금·후춧가루 약간

사용제품

1Qt. 냄비

만드는 방법

1 재료 준비하기 :: 꽁치는 캔의 국물을 따라내서 준비하고, 양파는 채썰고 대파와 청·홍고추는 어슷썰기해서 준비하세요.

2 주재료 익히기 :: 냄비에 육수와 김치, 국물을 따라낸 꽁치를 넣고 뚜껑을 덮은 채 센 불로 끓여주세요.

3 양념하기 :: 밸브가 딸랑거리면 고춧가루와 다진 마늘, 채썬 양파를 넣고 중불로 한소끔 끓여주세요.

4 담아 내기 :: 설탕을 넣고, 대파와 청양고추를 넣은 뒤 모자란 간은 소금으로 해주고 후춧가루를 뿌려 한소끔 더 끓이고 상에 내세요.

Tip. 설탕은 김치의 신맛을 중화시켜 찌개를 더욱 맛있게 만든답니다.

와인 홍합탕

화이트 와인으로 끓이는 와인 홍합탕입니다.
시원한 국물과 통통하고 맛있는 홍합살이 무척 맛있답니다.
숟가락이 아닌 홍합껍데기로 떠먹는 국물 맛도 일품이지요.
화이트 와인을 곁들여 조촐한 파티를 열어보면 어떨까요?

재료

홍합 500g, 화이트와인 ¼컵, 물 1½컵, 버터 8g, 월남고추 2개, 굵게 다진 마늘 2큰술, 다진 양파 30g, 다진 파슬리 1작은술

사용제품

8.6Inch (스몰)스킬렛

만드는 방법

1 홍합 다듬기 :: 홍합은 수염을 다듬고 껍질은 문질러 씻어주세요.

2 국물 끓이기 :: 냄비에 양파, 마늘, 파슬리, 고추, 와인, 물을 넣어 끓이다가 밸브가 딸랑거리면 홍합을 넣어 중불에서 4분 더 끓여주세요.

3 홍합 건지기 :: 2를 체에 받쳐 홍합은 따로 담고, 국물만 한 번 더 끓였다가 불에서 내려 버터를 넣어주세요.

4 담아 내기 :: 그릇에 홍합을 푸짐하게 담고, 3의 국물을 뿌린 뒤 파슬리를 얹어 내세요.

호박 젓국 찌개

부드러운 애호박과 포근한 두부를 넣은 호박 젓국 찌개. 입에 착착 감기는 그 맛이 집으로 돌아가는 발걸음을 재촉합니다. 짭쪼름하고 달큰한 엄마의 손맛입니다.

재료

애호박 ½개, 두부 ½모, 양파 ¼개, 청양고추 1개, 대파 흰 부분 ½대, 홍고추 ½개, 멸치 육수 2½컵, 국간장 ½큰술, 새우젓 ½큰술

사용제품

8.6Inch (스몰)스킬렛

만드는 방법

1 재료 손질하기 :: 호박은 은행잎 썰기, 양파는 깍둑썰기, 대파와 홍고추는 어슷썰기로 썰어두고 두부는 찌개용으로 나박나박 썰어 준비하세요.

2 육수 끓이기 :: 냄비에 육수를 넣고 간장과 송송 썬 청양고추를 넣어 센 불로 끓이세요.

3 주재료 끓이기 :: 2의 육수가 끓어 밸브가 딸랑거리면 호박, 양파, 두부, 새우젓을 모두 넣고 끓여주세요.

4 담아 내기 :: 호박이 익으면 나머지 재료를 넣고 한소끔 끓여 상에 내세요.

Tip. 기호에 따라 간장으로 간을 맞추세요.

매운 와인 조개탕

풍성한 해산물과 향긋한 와인이 어우러진 와인 조개탕입니다. 미네랄이 풍부한 조개류의 영양을 꼭 잡으세요. 취향에 따라 청양고추를 첨가해도 맛있답니다. 샐러드마스터의 냄비들은 재료 자체의 간을 그대로 간직하므로 마지막에 간을 맞추세요.

재료

조개류(백합, 모시조개, 바지락) 800g, 다진 양파 60g, 편 마늘 3쪽, 다진 파슬리 줄기 1큰술, 잘게 썬 고추 3개, 화이트 와인 $\frac{1}{4}$컵, 물 $1\frac{1}{2}$컵, 오일 2큰술, 후춧가루 약간, 다진 파슬리 약간.

사용제품

11Inch 스킬렛

만드는 방법

1 **주재료 손질하기** :: 조개는 씻어 해감하여 준비하고, 마늘은 편썰고, 나머지 야채들은 다져주세요.

2 **기름향 내기** :: 팬에 오일을 두르고 양파, 마늘, 파슬리 줄기, 고추를 넣고 중불에 두세요.

3 **조개 익히기** :: 밸브가 딸랑거리면 조개와 화이트 와인, 물을 넣고 뚜껑을 덮어 4~5분 정도 두세요.

4 **담아 내기** :: 기호에 따라 간을 보고 후춧가루와 다진 파슬리를 넣어 마무리하세요.

감자찌개

포근포근한 감자와 각종 야채가 들어간 감자찌개입니다. 몸에 좋은 감자는 삶기나 굽기, 튀기기도 좋지만 찌개에 넣어서 포근하게 즐기는 맛이 일품이지요. 김이 모락모락 나는 감자찌개로 따뜻한 밥상을 차려보아요.

재료

쇠고기 150g, 감자 400g, 호박 $\frac{1}{4}$개, 팽이버섯 $\frac{1}{2}$봉, 두부 $\frac{1}{4}$모, 홍고추 $\frac{1}{2}$개, 청고추 1개, 대파 $\frac{1}{2}$대

국물 재료

멸치 육수 3컵, 국간장 1큰술, 참치액젓 1큰술, 소금 1작은술

양념

고춧가루 1큰술, 다진 마늘 $\frac{1}{2}$큰술, 고추장 $\frac{1}{2}$큰술, 간장 1큰술, 육수 1큰술

사용제품

오일 스킬렛

만드는 방법

1 **고기 손질하기** :: 쇠고기는 한입 크기로 썰어 핏물을 제거하고 소금, 후춧가루로 밑간해 두세요.

2 **야채 손질하기** :: 감자와 호박은 반달썰기를 하고, 고추와 대파는 어슷썰기, 두부는 찌개용으로 썰고 양념은 미리 섞어두세요.

3 **국물 끓이기** :: 오일 스킬렛을 230도로 예열하여 고기 한 면을 1분 익히고, 뒤집어서 다시 1분 익힌 뒤 국물 재료와 양념, 감자를 넣고 중불(180도)로 끓여주세요.

4 **재료 넣고 끓이기** :: 밸브가 딸랑거리면 약불로 줄여 10분 정도 끓인 뒤 나머지 재료를 넣어 끓이고, 다시 소리가 나면 팽이버섯을 넣어 상에 내세요.

갈치 찌개

단백질이 풍부하고 담백한 맛이 일품인 갈치는 인기가 좋은 생선이지요.
회, 구이, 찜, 국 등 다양한 방법으로 먹을 수 있지만, 오늘은 두툼한 갈치로 칼칼한
찌개를 끓여보세요. 고구마줄기나 양파를 감자와 함께 넣어도 맛있답니다.
갈치를 고를 때는 살에 탄력이 있고, 모양이 고르며 은빛에 윤기가 나는 것으로
선택하세요.

재료

갈치 1마리, 감자(中) 3개, 대파 1대, 청양고추 2개, 홍고추 1개, 손질한 멸치 20g, 멸치 육수 1½ 컵

양념

고춧가루 2큰술, 고추장 2작은술, 다시마 간장 1큰술, 국간장 1큰술, 다진 마늘 1큰술, 미림 1큰술, 후춧가루 약간

사용제품

11Inch 스킬렛

만드는 방법

1 **재료 손질하기** :: 토막 낸 갈치는 깨끗이 씻어 물기를 빼고 후춧가루, 미림 1큰술로 밑간해 두세요. 멸치는 미리 볶아 비린내를 날려주세요.

2 **찌개 담기** :: 냄비에 감자를 깔고 그 위에 갈치를 올리고 멸치를 넣고 육수를 가장자리로 부어주세요. 갈치 위에 양념을 올려주세요.

3 **끓이기** :: 뚜껑을 덮고 밸브가 딸랑거리면 약불에서 30분 끓여주세요.

4 **마무리하기** :: 상에 내기 전 고추와 대파를 넣고 한소끔 끓여주세요.

어묵탕

따끈한 국물이 생각날 때 즐기는 어묵탕. 생선을 갈아 만드는 어묵은 단백질과 필수 아미노산이 풍부하고 소화가 잘 되어 남녀노소 누구나 좋아합니다.
어묵은 꼭 데쳐서 요리하세요. 그래야 어묵 속의 나쁜 성분들이 빠진답니다.

재료

어묵 300g, 육수 4컵, 무 250g, 대파 ½ 대, 팽이버섯 ½ 봉지, 쑥갓 약간

양념

간장 1작은술, 소금 1 작은술, 혼다시 ½ 작은술, 고추냉이 간장

사용제품

3Qt. 스티머 세트

만드는 방법

1 재료 손질하기 :: 어묵은 먹기 좋은 크기로 썰고 무는 나박썰기, 대파는 어슷썰기하여 준비해두세요.

2 어묵 데치기 :: 스티머를 이용해 어묵을 끓는 물에 데쳐내세요.

3 육수 내기 :: 냄비에 육수를 넣고 양념과 무를 넣어 센 불로 끓이다가 밸브가 딸랑거리면 약불로 줄여 5분간 익혀주세요.

4 끓여 내기 :: 3의 육수에 데친 어묵과 대파를 넣고 한소끔 끓인 뒤 불을 끄고 그릇에 담은 후 쑥갓과 팽이버섯을 넣어 마무리하세요.

집에 있는 간단한 재료들로 쉽게 만들 수 있는 영양 계란탕. 포실포실한 계란과 따뜻한 국물이 무척 맛있습니다. 불린 당면을 계란탕에 넣으면 한 끼 식사로도 충분하답니다.

계란탕

재료

계란 3개, 육수 3컵, 대파 흰 부분 1대, 국간장 1큰술, 소금, 후춧가루

육수 재료

물 4컵, 다시마 10g, 양파 150g, 마늘 30g, 마른 홍고추 1개, 대파 잎 1대, 북어채 30g, 콩나물 350g

사용제품

8.6Inch (스몰)스킬렛

만드는 방법

1 육수 만들기 :: 냄비에 육수 재료를 넣고 중불에서 30분 끓여 체에 받쳐두세요.

2 재료 준비하기 :: 계란을 풀어 체에 내리고 곱게 어슷 썬 파와 섞어 국간장, 소금, 후춧가루로 양념해두세요.

Tip. 계란을 체에 내릴 때 체 아래쪽을 긁어주면 잘 내려집니다.

3 계란 익히기 :: 육수 3컵이 끓으면 중불에 두고 2의 계란물을 반 국자씩 떠서 얌전히 넣어주세요.

4 끓여 내기 :: 계란이 떠오르면 담아 내고, 기호에 따라 모자란 간은 소금으로 하세요.

Tip. 계란이 너무 오래 끓으면 거품이 생깁니다. 떠오르면 바로 마무리하세요.

4.3 푸릇푸릇 아삭아삭 야채 요리하기

크리스마스 참치 샐러드
미소소스를 곁들인 아보카도와 새우
닭가슴살 브로콜리와 미소 드레싱
산딸기와 참나물 샐러드
과일 야채 샐러드
새우 토마토 샐러드
새콤달콤 파프리카
구운 두부 칼라 파프리카 샐러드
쇠고기 샤브 샐러드
닭가슴살 키위 드레싱
가지 볶음
웰빙 카레
감자전
★ Special Recipe 냉이 초무침

크리스마스 참치 샐러드

빨간 토마토와 냉동 참치가 크리스마스 분위기를 자아냅니다. 토마토를 풍성하게 넣고 먹기 힘든 마를 넣어 건강에도 좋아요. 파티 음식으로도 손색 없는 크리스마스 참치 샐러드로 멋진 식탁을 연출해보세요.

재료
냉동참치 100g, 무순 1팩, 토마토 노랑·빨강 색깔별 150g씩, 마 한뼘 길이

고명
검은깨와 구운 김채 약간씩

드레싱
양파 간 것 1큰술, 간장 1큰술, 식초 1큰술, 설탕 1큰술, 참기름 1큰술

사용제품
샐러드마스터 머신

만드는 방법

1 드레싱 만들기 :: 모든 드레싱 재료를 섞어 준비하세요.

2 야채 재료 손질하기 :: 무순은 깨끗하게 손질하고, 토마토는 반으로 갈라 준비하세요.

3 참치 썰기 :: 냉동 참치와 마는 샐러드마스터 머신의 4번 날로 얇게 썰어주세요.

4 담기 :: 넓은 그릇에 무순을 깔고 얇게 썬 참치를 올린 뒤 토마토를 예쁘게 담고 마를 올려주세요.

5 드레싱 뿌리기 :: 구운 김채와 검은깨를 고명으로 뿌리고 먹기 직전에 드레싱을 뿌려 내세요.

Tip. 토마토는 자체에 약간 짠맛이 있어서 소금 간을 따로 하지 않아도 맛있답니다.

미소소스를 곁들인 아보카도와 새우

비타민과 미네랄이 풍부한 아보카도는 지방이 많지만
염분과 콜레스테롤이 없어 많은 요리의 재료로 쓰인답니다.
다 익은 아보카도 껍질은 보라색을 띠고 있어요.
아보카도 대신 아스파라거스를 사용해도 맛있답니다.
미소소스는 샐러드에 다양하게 사용할 수 있으니
많이 만들어 냉동보관하면 편하답니다.

재료
대하 5마리, 아보카도 1개, 가지 ½개, 레몬 ½개, 대파 잎 2대

고명
다진 실파 2큰술, 가쓰오부시 1컵

소스
미소된장 200g, 미림 100ml, 설탕 50g, 청주 50ml, 마요네즈 400g(마요네즈:다른 재료=1:1)

사용 제품
11Inch 스킬렛

만드는 방법

1 야채 손질 :: 아보카도는 반을 갈라 씨를 뺀 후 껍질을 벗겨 먹기 좋은 두께로 길게 썰고, 가지는 길게 8등분하여 소금·후춧가루로 밑간하고 스킬렛에 중불에서 무수분으로 구워주세요.

2 새우 준비하기 :: 대하는 물총과 내장을 제거하고 넓게 펴서 칼등으로 두드려 편 뒤 후춧가루로 밑간해 둡니다. 대파 푸른 부분과 레몬 슬라이스를 깐 스킬렛에 새우의 등이 위로 가도록 놓고 중불에서 무수분으로 구워주세요.

Tip. 해산물인 새우에는 짠맛이 있으므로 후춧가루 밑간만 해주세요.

3 드레싱 만들기 :: 드레싱 재료는 모두 섞어 준비해주세요.

4 담아 내기 :: 드레싱을 접시에 뿌려준 뒤 가지와 아보카도를 번갈아 뉘어 담고 새우를 세워 담은 뒤 고명을 얹어주세요.

Tip. 파와 레몬을 깔고 새우를 구우면 비린내를 없애주고 향긋한 향과 신선한 맛을 더해줍니다.

닭가슴살 브로콜리와 미소 드레싱

비타민C가 풍부하고 면역력을 높이는 브로콜리는 몸에 좋은 성분이 많이 들어 있는 착한 채소랍니다. 담백한 닭가슴살과 함께 먹는 미소드레싱의 샐러드. 몸이 금세 튼튼해질 것 같죠?

재료

닭가슴살 150g(백후춧가루 밑간), 브로콜리 큰 것 ½개, 콜리플라워 ½개

고명

검은깨

드레싱

미소된장 200g, 미림 100ml, 설탕 50g, 청주 50ml, 마요네즈 400g(마요네즈:다른 재료 = 1:1)

사용 제품

11Inch 스킬렛

만드는 방법

1 닭가슴살 준비하기 :: 스킬렛에 밑간해 둔 닭가슴살을 물 없이 뚜껑 덮고 구운 후 식혀서 먹기 좋게 찢어주세요. **(무수분 요리법)**

2 야채 손질하기 :: 브로콜리와 콜리플라워는 송이를 나누어 물 2큰술과 함께 스킬렛에 넣고 중불에서 가열하여 밸브가 딸랑거리면 꺼내세요.

3 드레싱 만들기 :: 드레싱 재료를 섞어 접시 위에 예쁘게 뿌려주세요.

4 담아 내기 :: 3의 접시에 브로콜리와 콜리플라워를 올린 뒤 1의 닭가슴살을 소복하게 올려 드레싱을 2~3큰술 뿌린 뒤 검은깨를 솔솔 뿌려 내세요.

Tip. 닭고기 대신 구운 새우로 요리해도 맛있답니다.

산딸기와 참나물 샐러드

산딸기와 참나물로 풍성하게 만드는 샐러드. 올리브유로 만드는 산뜻한 드레싱으로 누구에게나 사랑받는 샐러드 요리입니다. 새콤달콤한 산딸기는 몸에 좋은 성분들 덕분에 인기가 높지요. 향긋한 참나물은 고혈압, 중풍, 빈혈 등 혈관계통 증상에 효과가 좋다고 합니다.
넓은 피자 팬을 이용하면 모든 재료를 미리 세팅 할 수 있어 손님초대 요리로도 그만입니다.

재료
오이 1개, 참나물 50g, 산딸기 1팩(약 250g), 적채 200g, 마 120g

고명
해바라기 씨 2큰술

드레싱
엑스트라 버진 올리브유 50ml, 식초 50ml, 진간장 50ml, 설탕 3큰술, 마늘 5쪽(굵게 다짐)

사용제품
샐러드마스터 머신, 피자 팬

만드는 방법

1 드레싱 만들기 :: 드레싱 재료는 모두 섞어주세요.

2 야채 손질하기 :: 오이와 마, 적채는 모두 샐러드마스터 머신의 5번 날로 썰어주고, 참나물은 먹기 좋은 크기로 썰거나 먹기 좋게 뜯어주세요.

Tip. 산딸기와 적채는 줄기토마토(아모로스)와 적양파를 사용해도 됩니다.

3 산딸기 손질하기 :: 산딸기는 식초물에 잠깐 담가 농약성분을 제거하고 흐르는 물에 씻은 후 체에 받쳐 물기를 뺍니다.

4 담아 내기 :: 피자 팬 위에 참나무, 적채를 마주보도록 놓고, 가운데에 산딸기를 올린 뒤 해바라기 씨를 뿌리고 드레싱을 담아 내세요.

Tip. 미리 만드는 경우 모든 재료를 피자 팬에 세팅 해두고 냉장고에 보관했다가 먹기 직전에 드레싱을 담아 내세요.

과일 야채 샐러드

비타민과 섬유질이 풍부해서 몸에 좋은 과일과 야채로 샐러드를 만듭니다. 슬라이스 햄에 혹시 들어 있을지 모르는 나쁜 성분들은 뜨거운 물 샤워로 빼내는 게 좋지요. 재료를 미리 준비해두면 바쁜 아침 한 끼 식사로도 좋답니다.

재료

배 ½개, 사과 ½개(작은 것은 1개), 슬라이스 햄 100g, 계란 4개, 포도씨유 ½컵, 방울토마토 100g

드레싱

우유 100ml, 다진 마늘 50g, 소금 1작은술, 식초 ½컵, 설탕 ½컵, 레몬즙 1큰술, 말린 바질 1큰술

사용제품

샐러드마스터 머신, 프라이팬 중형

만드는 방법

1 **드레싱 만들기** :: 분량의 드레싱을 미리 섞어 준비하세요.

Tip. 과일이 달다면 설탕 양을 조금 줄여도 됩니다.

2 **재료 썰기** :: 방울토마토는 반으로 썰고, 나머지는 머신 2번 날을 이용해 굵은 채를 썰어주세요.

Tip. 방울토마토는 꼭지 부분으로 썰어야 모양이 예쁘답니다.

3 **지단 만들기** :: 예열된 프라이팬에 포도씨유로 코팅하고 지단을 부쳐 채썰어 주세요.

4 **담아 내기** :: 넓은 접시에 재료를 서로 마주보게 담고 드레싱을 곁들여 내세요.

새우 토마토 샐러드

통통한 새우살이 씹히는 새우 토마토 샐러드. 빛깔 고운 재료들을 풍성하게 담아 눈으로 한 번, 입으로 두 번 즐기는 샐러드랍니다.
스킬렛으로 새우를 구울 때는 뚜껑을 꼭 닫아주세요.

재료

새우 중하 20마리,
방울토마토 10개, 양파 ½개,
아삭이고추 3개

드레싱

포도씨유 50ml, 식초 50ml,
진간장 50ml, 다진 마늘
2½큰술, 소금·후춧가루
½작은술, 통깨 1큰술

사용제품

11Inch 스킬렛

만드는 방법

1 새우 손질하기 :: 새우는 깨끗이 손질해 설탕 ½큰술을 뿌려두고 드레싱은 미리 섞어 냉장보관 하세요.

2 야채 손질하기 :: 방울토마토는 반으로 자르고 양파는 먹기 좋게 썰어 식초와 소금을 각각 ½큰술씩 넣어 절여두세요. 아삭이고추는 반으로 갈라 씨를 빼고 먹기 좋게 썰어두세요.

3 새우 익히기 :: 스킬렛에 손질된 새우를 뚜껑 덮어 중불로 두고 밸브가 딸랑거릴 때까지 구워주세요.

4 담아 내기 :: 아삭이고추를 둥글게 깔고, 방울토마토, 물기를 제거한 양파를 올린 뒤 구운 새우를 바깥으로 장식합니다.

Tip. 양파를 식초와 소금에 절이면 매운맛이 사라집니다.

냉이 초무침

향긋한 봄 냉이의 향을 느낄 수 있는, 새콤달콤, 향긋한 냉이 초무침 입니다.
조물조물 무쳐서 먹으면 잃었던 입맛이 살아난답니다.

재료

냉이 300g, 소금 1작은술

양념장

고추장 2큰술, 고춧가루 1작은술, 설탕 1작은술, 올리고당 1큰술, 식초 2큰술, 다진 마늘 1작은술, 다진 파 ½큰술, 깨소금 1큰술, 흑임자 ½작은술

시용제품

웍

만드는 방법

1 냉이 손질하기 :: 냉이는 흙이 많이 묻어있기 때문에, 깨끗하게 손질하여 여러 번 물에 헹구어 준비합니다.

2 양념장 준비하기 :: 양념장 재료를 모두 섞어 준비해두세요.

3 냉이 데치기 :: 끓는 물에 소금을 넣고 손질해둔 냉이를 넣어 앞뒤로 한번 정도만 뒤집어 꺼내고, 찬물에 여러 번 헹구어 물기를 꼭 짭니다.

4 무치기 :: 데친 냉이는 먹기 좋게 한 두 번 잘라 준비하고, 먹기 직전에 버무려 냅니다.

Tip1. 양념에 식초를 넣었기 때문에 시간이 지나면 색깔이 누렇게 변합니다. 반드시 먹기 직전에 버무려주세요.

새콤 달콤 파프리카

생선구이나 삼겹살, 맛있는 수육이나 스파게티 등과 함께 즐기기 좋은 파프리카 피클입니다. 파프리카는 주황색은 면역력 강화, 빨간색은 발암억제 등 색상마다 영양 특징이 다르답니다. 여러 빛깔의 파프리카로 피클을 만들어보세요.

재료

파프리카 색상별로 1개씩, 통마늘 8쪽

양념

진간장 1컵, 식초 1컵, 설탕 1컵, 통후추 1작은술, 물 1컵

사용제품

1.5Qt. 냄비

만드는 방법

1 **용기 열처리 하기** :: 유리병은 찬물에 넣고 끓여서 열처리를 해주세요.

2 **양념 끓이기** :: 분량의 양념간장을 모두 넣어 팔팔 끓여주세요.

3 **파프리카 손질하기** :: 파프리카를 깨끗이 씻어 절반을 잘라 씨앗과 흰 부분을 제거하고 길이대로 잘라 3토막 내세요.

4 **양념에 담그기** :: 2의 양념이 끓으면 손질된 파프리카와 마늘을 넣고 통후추를 넣어주세요.

5 **담아 내기** :: 식으면 열처리해 둔 병에 담아주세요.

구운 두부
칼라
파프리카
샐러드

견과류를 많이 넣어 오메가3 지방산을
풍부하게 섭취할 수 있고,
혈액순환에도 좋은 착한 샐러드.
두부는 굽기 전에 살짝 씻어서
마른 행주에 1시간 정도 싸두세요.
간수가 빠져서 건강에 더 좋답니다.

재료

단단한 두부 ½ 모, 파프리카 색상별로 ½ 개씩, 사과 ½ 개, 포도씨유 ½ 큰술

드레싱

아몬드 2큰술, 잣 2큰술, 진간장 2큰술, 사과식초 1큰술, 레몬즙 1큰술, 설탕 1큰술, 꿀 1큰술, 후춧가루 ½ 작은술, 검은깨 1큰술, 소금 약간

사용제품

11Inch 스킬렛 또는 중간 프라이팬

만드는 방법

1 두부 굽기 :: 중불로 예열된 프라이팬에 포도씨유를 두르고 납작하게 썰어 소금간한 두부를 약불로 구워주세요.

2 드레싱 섞기 :: 분량의 드레싱 재료를 모두 섞고 설탕이 잘 녹도록 충분히 저어주세요.

3 야채·과일 손질 :: 파프리카와 사과를 먹기 좋은 크기로 썰어서 잘 섞은 후 접시에 깔아주세요.

4 담아 내기 :: 잘 구워진 (1)의 두부를 맨 위에 올리고 드레싱을 끼얹어주세요.

쇠고기 샤브 샐러드

부드러운 샤브용 고기로 만드는 상큼한 쇠고기 샤브 샐러드입니다. 식초가 들어간 소스가 상큼한 맛을 내준답니다. 자꾸만 손이 가는 쇠고기 샤브 샐러드, 맛있게 즐기세요.

재료

샤브용 쇠고기 250g,
토마토 4~5개, 양파 100g,
꽈리고추 10개

소스

포도씨유 50g, 식초 50g,
간장 3큰술, 마늘 1쪽,
소금·후춧가루 약간

사용제품

1Qt. 냄비

만드는 방법

1 **야채 준비하기** :: 토마토는 얇게 썰어놓고, 양파는 가늘게, 꽈리고추는 반으로 잘라 냉수에 담근 후 5cm 정도로 채썰어 시원하게 보관하세요.

2 **양념 준비하기** :: 분량의 소스 재료는 미리 섞어 만들어두세요.

3 **고기 익히기** :: 강불에 물을 끓여 쇠고기를 살짝 익혀 냉동실에 잠시 식힌 후 한입 크기로 찢어두세요.

4 **그릇에 담기** :: 접시에 토마토를 깔고 양파, 꽈리고추, 쇠고기를 순서대로 담아 소스를 뿌려 내세요.

닭가슴살 키위 드레싱

담백한 닭가슴살과 각종 야채로 풍성하게 만드는 샐러드입니다. 달콤하고 산뜻한 키위 드레싱으로 맛을 더해주세요. 키위는 고기를 부드럽게 만드는 연육작용이 뛰어나 고기요리에 함께 드시면 참 좋아요.

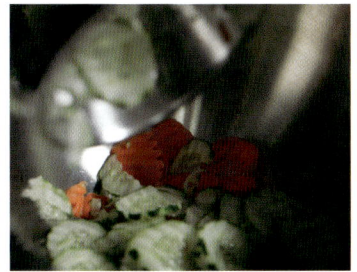  

재료

닭가슴살 200g, 적치커리, 양상추, 오이, 당근, 무순, 방울토마토, 각종 파프리카 등 샐러드용 야채 취향대로

양념

키위 1개, 파인애플 링 1개, 통조림 국물 5큰술, 레몬 1개, 다진 양파 1개, 식초 1컵, 설탕 7큰술(꿀 사용 가능), 소금 약간, 플레인 요구르트 1개

고명

호두, 아몬드, 잣, 파슬리 다진 것 1큰술(냉동보관), 검은깨

사용제품

1Qt. 냄비, 샐러드마스터 머신

만드는 방법

1 야채 손질하기 :: 손질된 야채는 찬물에 헹궈 물을 빼고 냉장고에 보관하세요. 양상추, 적치커리는 한입 크기로 손으로 찢고, 파프리카는 반으로 갈라 얇게 채써세요. 방울토마토는 반으로 자르고, 양파는 다져두세요.

2 고기 손질하기 :: 닭가슴살은 소금, 후춧가루, 미림 약간으로 밑간하고, 소스는 모든 재료를 커터기에 갈아 냉장보관하세요.

3 채썰기 :: 샐러드마스터 머신으로 오이와 당근을 채썰어 주세요.

4 고기 익히기 :: 밑간해 둔 고기를 냄비에 넣고 중불에 무수분으로 익혀낸 뒤 차게 식혀 먹기 좋게 찢어두세요.

5 담아 내기 :: 야채와 닭가슴살을 접시에 보기 좋게 담은 뒤 소스를 끼얹고 고명을 뿌려주세요.

Tip. 드레싱은 넉넉히 만들어서 여러 가지 야채요리에 소스로 쓰셔도 좋아요.

가지 볶음

서양에서는 동그란 모양이 귀여워 에그플랜트라고 불리는 가지는 보랏빛이 예쁜 채소지요. 가지는 우리 몸을 콜레스테롤로부터 지켜주며 암과 경련을 예방하는 물질까지 들어 있는 착한 채소입니다. 일반 가지 볶음에는 기름이 많이 들어가지만, 샐러드마스터로 만들면 기름이 적게 들어가서 더 좋아요.

재료

가지 600g, 양파 400g, 마늘 5쪽, 청·홍고추 각 2개씩, 브로컬리, 파프리카 등 취향대로

양념

진간장 2큰술, 굴소스 1큰술, 청주 1큰술, 설탕 ½작은술, 참기름·후춧가루 약간

사용제품

브레이저 팬 또는 웍

만드는 방법

1 **재료 손질하기** :: 가지는 4~5cm로 토막 내서 얇게 썰고, 양파와 파프리카는 가지 크기로 썰고, 마늘은 편으로 썰어 준비하세요.

2 **마늘기름 만들기** :: 냄비에 포도씨유 1큰술과 마늘 편을 넣고 뚜껑을 덮어 중불로 마늘기름을 만드세요.

3 **볶아 내기** :: 2의 뚜껑이 뜨거워지면 양파와 가지를 넣고 중불로 익혀주세요.

4 **담아 내기** :: 밸브가 딸랑거리면 양념과 파프리카를 넣고 참기름과 통깨를 넣어 담아 내세요.

Tip. 굴소스 대신 우스터소스나 국간장을 사용해도 맛있습니다.

웰빙 카레

컬러 푸드의 선두주자인 카레. 카레의 노란색을 내는 강황이 몸에 좋다고 해서 즐겨 드시죠? 강황에는 성인병 예방과 치료, 활성산소 억제를 통한 노화방지, 치매예방, 혈액순환 개선 등의 효과가 있습니다. 샐러드마스터를 이용하여 물 없이, 재료들로만 웰빙 카레를 만들어보세요.

재료

토마토 1kg, 양파 500g,
쇠고기 400g, 감자 400g,
고구마 200g, 단호박 400g,
당근 100g, 마늘 5쪽,
시판 카레 1팩(가루 240g,
고형카레는 6조각)

사용제품

오일 스킬렛

만드는 방법

1 **토마토 익히기** :: 토마토는 반으로 잘라 껍질이 아래로 가도록 해서 180도에 익힌 후 껍질을 제거해주세요.

2 **고기 익히기** :: 230도로 예열한 냄비에 마늘 슬라이스 한 것과 스테이크를 앞뒤로 1분씩 익혀주세요.

3 **야채 익히기** :: 냄비에 양파, 감자, 단호박, 당근, 고구마와 1의 토마토, 그리고 카레를 넣고 230도로 익혀주세요.

4 **끓이기** :: 밸브가 딸랑거리면 잘 섞어준 뒤 2의 익힌 고기를 썰어 넣고 130도로 줄여 10분간 익혀주세요.

Tip1. 토마토의 신맛이 걱정된다면 생크림을 ½컵 넣어주세요.
Tip2. 카레를 데워 먹을 경우에는 물 대신 우유를 넣어주세요.

감자전

비 오는 날 가장 많이 생각나는 음식이 소주와 부침개라고 하죠? 몸에 좋은 감자로 쉽게 만드는 감자전, 뜨거울 때 호호 불며 먹는 게 가장 맛있지요. 샐러드마스터 머신으로 감자를 갈아 쉽고 빠르게 감자전을 만들어보세요.

재료

감자 2개, 양파 1개, 계란 1개, 단호박(감자와 동량, 혹은 약간 적게), 물 ½ 컵, 소금, 밀가루, 청·홍고추 1개씩, 포도씨유

사용제품

샐러드마스터 머신, 사각 팬

만드는 방법

1 **반죽 준비하기** :: 샐러드마스터 머신에 감자와 양파를 1번 날로 갈아주고, 계란, 소금 약간, 물, 밀가루를 섞어 반죽을 준비하세요.

2 **익히기** :: 팬을 중불로 4분 예열한 후 포도씨유를 두르고 반죽을 한 스푼씩 떠서 팬에 놓고, 청·홍고추 고명을 얹어 익혀주세요.

3 **담아 내기** :: 접시에 담고, 야채 겉절이 또는 양념장을 곁들여 내세요.

Tip. 반죽에 김치, 밥, 베이컨, 두부, 야채를 섞어서 도톰하게 굽거나 예쁜 틀을 사용해서 구워도 좋답니다.

4.4 힘이 나는 감칠맛 고기 요리하기

프랑스풍 삼겹살
등심구이
스테이크
돼지 갈비찜
닭봉 튀김
돼지고기 편육
함박 스테이크
쇠고기 양상추쌈
안동 찜닭
부추잡채와 꽃빵
유산슬 덮밥
갈비 묵은지 김치찜
돼지 두루치기
매운 닭찜
★ Special Recipe 돼지 등갈비 강정
★ Special Recipe 불고기 버거

프랑스풍 삼겹살

화이트 와인과 와인 비네거 같은 프랑스풍 재료들을 넣은 삼겹살 요리입니다. 맛있게 드시고 프랑스어로 "트레 봉(훌륭합니다)"이라 말해보세요.
예열된 샐러드마스터는 물방울을 뿌려보면 알 수 있어요. 물방울이 구슬처럼 구른답니다. 물이 퍼지면 예열이 덜 된 것이고, 소리가 나며 심하게 퍼진다면 예열이 과한 것입니다.

재료
삼겹살(편육용) 500g, 다진 마늘 4큰술, 소금, 후춧가루, 화이트 와인 6큰술, 중국부추 200g

소스
설탕 50g, 물 100g, 와인 비네거 4큰술, 발사믹 비네거 2큰술, 오렌지주스 4큰술, 간장 3큰술, 생강 1작은술, 녹말물 : 물 1큰술, 전분 1큰술

사용제품
미니웍 (또는 3Qt., 4Qt. 로스터)

만드는 방법

1. **고기 밑간하기** :: 삼겹살을 소금, 후춧가루, 다진 마늘에 밑간하세요.
2. **야채 손질하기** :: 양파는 채썰고, 중국부추는 5cm 길이로 썰고, 소스는 미리 섞어두세요.
3. **고기 익히기** :: 예열된 미니 웍에 소스와 화이트 와인을 넣고 고기 겉면을 소스로 코팅한 뒤 뚜껑을 닫고 중불에 딸랑거릴 때까지 두었다가 약불로 줄여서 30분간 익혀주세요.
4. **야채 익히기** :: 다른 냄비에 중국부추를 뿌리부분부터 넣어 약불로 살짝 익혀주세요.
5. **그릇에 담기** :: 4를 접시에 펼치고 고기를 썰어서 올린 후 소스를 뿌려주세요.

등심 구이

부드러운 등심을 야채와 함께 즐기는 요리랍니다. 보통 등심구이는 양념에 재워서 굽거나 소금·후춧가루로만 간해서 먹지만, 이 요리는 간단한 소스로 색다른 맛을 즐길 수 있습니다. 고기 맛을 돋워주는 야채도 충분히 준비하세요.

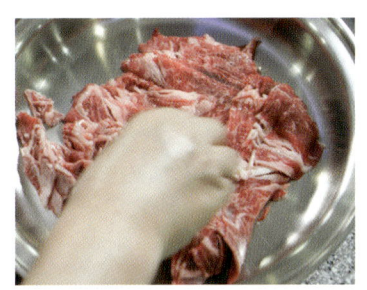  

재료

등심 쇠고기 4장
(소금·후춧가루 밑간),
새송이 1팩, 피망 1개, 양파
½개, 마늘 5쪽, 상추

소스

우스터소스 1큰술, 굴소스
1큰술

사용제품

오일 스킬렛

만드는 방법

1 **예열하기** :: 전기 냄비(오일 스킬렛)를 200~230도로 예열해서 얇게 썰어둔 등심을 덩어리째 넣고 뚜껑을 덮어주세요.

2 **야채 손질하기** :: 야채는 굵직하게 잘라 준비해주세요.

3 **고기와 야채 익히기** :: 밸브가 딸랑거리면 고기를 뒤집고 파프리카를 제외한 야채를 넣은 후 뚜껑을 덮어주세요.

4 **담아 내기** :: 소스와 파프리카를 넣고 버무린 뒤 상추를 깐 접시 가운데에 소복하게 담아 내세요.

스테이크

요리에 익숙하지 않은 아빠들도 쉽게 만들 수 있는 초간단 스테이크입니다.
예열만 충분히 하면 어려운 점이 전혀 없답니다.

재료

스테이크용 쇠고기 4장
(소금·후춧가루 밑간),
양송이 1팩, 피망 1개, 양파
½개, 마늘 5쪽, 청고추 2개

소스

우스터소스 1큰술, 굴소스
1큰술

사용제품

오일 스킬렛

만드는 방법

1 **고기 밑간하기** :: 스테이크용 고기에 소금과 후춧가루로 밑간을 해주세요.

2 **야채 손질하기** :: 야채는 한입 크기로 굵직하게 잘라 준비해주세요.

3 **고기 익히기** :: 오일 스킬렛을 230도로 예열한 후 스테이크 고기를 넣고 3~4분 익힌 후 뒤집어주세요.

4 **소스와 야채 넣기** :: 소스와 야채를 넣고 3~4분 더 익혀주세요.

돼지 갈비찜

부드러운 돼지고기에 맛있는 양념을 더한 돼지 갈비찜. 야채를 충분히 넣어주세요. 샐러드마스터는 모든 재료를 한꺼번에 넣고 요리할 수 있어 시간이 무척 단축됩니다.

재료

돼지갈비 1kg(2x3cm로 잘라 기름 제거), 감자 1개, 고구마 1개, 양파 1개, 당근 1개, 대파 1대, 청·홍고추 1개씩, 떡볶이떡 1팩

양념

진간장 6큰술, 고추장 1큰술, 고춧가루 2~3큰술, 물엿 2큰술, 청주 2큰술 또는 생강 1톨, 설탕 2큰술, 다진 마늘 2큰술, 참기름, 후춧가루

사용제품

브레이저 팬

만드는 방법

1 **야채 썰기** :: 야채를 굵게 썰어주세요.

2 **양념장 섞기** :: 분량의 양념장 재료를 모두 섞어주세요.

3 **재료에 양념 버무리기** :: 팬에 단단한 야채와 양념을 넣고 버무린 후 손질해둔 돼지갈비를 넣고 양념을 넣어 버무려주세요.

4 **팬에 넣고 익히기** :: 떡을 맨 위에 넣고 중불로 30분 정도 익힌 후, 청·홍고추를 얹어 그릇에 담아 내세요.

닭봉 튀김

아이들은 물론 어른들도 좋아하는
최고의 인기 메뉴 닭봉 튀김.
닭봉은 손으로 잡고 뜯어 먹는 재미가 있어서
살 부분만 튀기는 것과는 또 다른 매력이 있답니다.
샐러드마스터는 적은 양의 찬 기름으로 튀김이 가능하죠.
찬 기름에 튀길 때는 전분을 꼭 묻혀주세요.

재료

닭봉(닭날개) 15개(밑양념: 소금, 후춧가루, 청주, 참기름), 전분 2큰술

소스

간장 2작은술, 굴소스 1큰술, 설탕 1½큰술, 고운 고춧가루 1큰술, 마른 고추 2개, 물 100cc, 불린 전분 1큰술

사용제품

3Qt. 냄비 또는 11Inch 스킬렛

만드는 방법

1 **고기 밑간하기** :: 닭봉에 밑간을 해서 10분간 둔 뒤 전분을 묻혀주세요.

2 **찬 기름에 튀기기** :: 냄비에 차가운 기름을 1cm 넣고 1의 닭을 가볍게 털어 넣은 후, 뚜껑을 덮고 중불로 익혀주세요.

3 **닭 뒤집기** :: 2가 딸랑거리면 뒤집어서 중불로 8분가량 둔 후 꺼내서 기름을 빼주세요.

4 **소스 만들기** :: 분량의 소스재료를 냄비에 바글바글 끓인 후 3의 튀긴 닭과 함께 냅니다.

Tip. 적은 양의 기름을 사용하며, 뚜껑을 덮고 튀기기 때문에 기름이 산화되지 않는답니다.

돼지고기 편육

한국인들이 좋아하는 요리 가운데 돼지고기 편육을 빼놓을 수 없지요.
샐러드마스터는 재료 자체의 맛과 성분이 내부에 고스란히 남기 때문에 고기를 감자, 고구마, 달걀 등과 함께 조리해도 냄새가 섞이지 않고 각각의 맛을 음미할 수 있어요.

재료

돼지고기 삼겹살 1kg,
목등심(갈매기살) 500g

곁들임

새우젓 장, 무채나물,
배추절이, 겉절이, 배추김치

사용제품

큰 웍 또는 미니 웍

만드는 방법

1 **고기 준비하기** :: 고기를 적당한 크기로 썬 후 살짝 헹궈 준비하세요. 감자나 고구마, 달걀 등도 표면을 깨끗이 씻어 함께 준비합니다.

2 **고기 익히기** :: 웍에 고기와 준비된 야채를 넣고 중불로 가열하세요.

3 **불 조절하기** :: 2에 김이 나기 시작하면 약불 정도로 30~40분 정도 익혀주세요.

4 **그릇에 담기** :: 고기를 접시에 담고 새우젓 장과 김치 등을 곁들여 내세요.

Tip. 돼지고기에 청주, 소금 등으로 밑간을 약간 하면 더욱 맛있습니다.

함박 스테이크

다진 고기로 만드는 함박 스테이크. 씹는 맛이 부드러워서 어른, 아이 모두 좋아하지요. 다진 고기를 반죽하여 빚는 과정은 약간 손이 가지만, 먹음직스럽게 잘 익은 고기 안에 꽉 찬 재료 고유의 맛이 무척 매력적이랍니다.

재료(8인분)

다진 쇠고기 600g, 다진 돼지고기 100g, 양파 1개, 감자 180g, 파슬리 가루 4큰술, 박력분 4큰술, 올리브유 1큰술

양념

(A) 다진 마늘 1큰술, 올리브유 2큰술, 소금, 후춧가루 약간식

(B) 빵가루 50g, 생크림 3큰술, 우스터소스 1큰술, 소금 ½큰술, 오레가노 ¼작은술, 후춧가루 ¼작은술

소스

버터 3큰술, 밀가루 2큰술, 케첩 1컵, 우스터소스 3큰술, 물엿 3큰술, 물 2컵, 양송이 5개, 월계수 잎 2장

사용제품

11Inch 스킬렛(야채), 오일 스킬렛(굽기)

만드는 방법

1 **야채 익히기** :: 양파와 감자를 다져 1분간 중불에 가열해 수분을 날려두세요.

2 **고기 반죽하기** :: 1에 양념(A)를 한 다진 고기를 넣고 양념(B)를 넣은 뒤 등분해서 지름 10cm 정도로 둥글게 빚어 박력분을 살짝 발라주세요.

3 **고기 익히기** :: 180도로 예열한 스킬렛에 오일을 살짝 두른 뒤 2를 넣고 뚜껑을 덮어 1분간 구워준 후 뒤집어서 약불에서 8분 더 구워주세요.

4 **소스 만들기** :: 버터와 밀가루로 루를 만든 뒤 케첩을 넣어 잘 섞고 나머지 재료를 넣어 뚜껑을 덮어두세요.

5 **그릇에 담기** :: 구운 고기를 접시에 담아 소스를 얹고 파슬리 가루를 뿌려 냅니다.

Tip. 양념(B)의 빵가루는 여러 번 나누어 넣으면서 재료의 수분을 조절해주세요.

쇠고기 양상추쌈

쇠고기와 갖은 야채를 볶아 양상추에 싸 먹는 요리입니다. 풍성하게 만들어 손님상에 내기 좋고, 꽃빵을 곁들여도 좋은 요리랍니다. 원래는 고기와 야채를 따로 볶지만, 샐러드마스터라면 한 번에 요리할 수 있어서 편리하지요.

재료

쇠고기 200g(진간장 1큰술, 청주 ½큰술, 설탕 1큰술, 후춧가루, 마른 전분 1작은술), 죽순 1캔, 양상추, 청·홍피망 1개씩, 표고버섯 100g, 양파 ½개, 샐러리 50g, 마늘 2쪽, 생강 1쪽, 대파 ½대

소스

굴소스 2큰술, 청주 1큰술, 설탕 1작은술, 후춧가루, 참기름

사용제품

11Inch 스킬렛

만드는 방법

1 **주재료 손질하기** :: 쇠고기는 0.5~1cm로 잘게 썰어 밑간해 두세요.

2 **야채 재료 손질하기** :: 죽순, 피망, 표고버섯, 양파, 샐러리도 쇠고기와 같은 크기로 썰어 준비하세요.

3 **기름향 내기** :: 마늘, 생강, 대파는 편으로 썰어 예열된 냄비에 포도씨유와 함께 넣어 기름향을 내주세요.

4 **재료 익히기** :: 3에 야채 재료를 깔고 쇠고기를 위에 올린 후 소스를 넣어 딸각거릴 때까지 두세요.

5 **그릇에 담기** :: 양상추는 손질해서 완성 접시에 미리 담아두고 다 익은 재료를 섞어 담아주세요.

Special Recipe

돼지
등갈비
강정

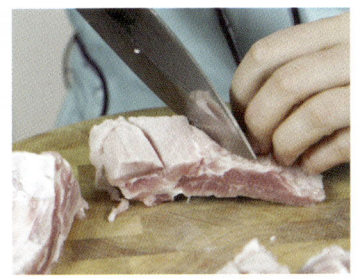

재료

돼지 등갈비 1Kg, 허브솔트 2큰술, 청주 2큰술, 소금 ½작은술, 파슬리 1작은술, 월계수 잎 2장, 양파 ¼개, 마늘 3쪽, 녹말가루 1컵, 마늘가루 1큰술, 찹쌀가루 ½컵, 미나리 5줄

소스

간장 5큰술, 식초 4큰술, 매실청 2큰술, 굴소스 1큰술, 물 ⅔컵, 올리고당 3큰술, 맛술 2큰술, 흑설탕 2큰술, 다진 마늘 3큰술, 생강가루 1큰술

사용제품

3 Qt. 소스팬, 웍, 프라이팬

만드는 방법

1 등갈비 손질하기 :: 돼지 등갈비는 한대한대 분리하여 칼집을 넣고 찬물을 2~3번 갈아주면서 2시간정도 담가 핏물을 제거합니다.

2 등갈비 데치기 :: 소스팬에 월계수 잎, 양파, 마늘을 넣고 끓는 물에 등갈비를 한번 데쳐내고, 허브솔트와 청주를 넣어 20분 정도 밑간 하세요.

3 등갈비 튀기기 :: 숙성된 등갈비에 녹말가루, 마늘가루, 찹쌀가루를 섞어 버무려둔 다음, 웍에서 170도에서 노릇하고 바삭하게 튀겨 기름기를 제거 합니다.

4 소스 버무리기 :: 프라이팬에 소스 재료들을 넣고, 졸이면서 농도가 나면 튀긴 등갈비를 넣어 버무려주세요.

5 담아 내기 :: 미나리를 송송 썰어 위에 뿌려 완성합니다.

Tip1. 매콤함을 주고 싶다면 소스에 청양고추나 고춧가루를 넣고 졸여 줍니다.

달콤한 불고기 양념으로 만드는 불고기 버거. 집에서 만들면 몸에 좋은 야채를 듬뿍 넣을 수 있어서 더 좋아요.

버거 패티는 충분히 치대서 공기를 빼주어야 부서지지 않고 매끄럽게 만들어진답니다.

재료

양상추 ¼통, 토마토 ½개, 양파 ½개, 오이 피클 2개, 할라피뇨 2개, 버터 30g, 햄버거 빵 3개

버거 패티 재료

다진 쇠고기 300g, 다진 양파 2큰술, 마늘 1작은술, 빵가루 3큰술, 우유 1큰술, 계란물 1큰술, 소금 2작은술, 후추 1작은술

소스

간장 3큰술, 설탕 2큰술, 마늘 1작은술, 물 ½컵, 녹말물 1큰술

사용제품

프라이팬, 1 Qt, 소스팬

만드는 방법

1 버거 패티 만들기 :: 버거 패티는 재료를 모두 섞어 충분히 치대고, 0.5cm 두께에 빵보다 조금 크게 만들어줍니다.

2 야채 재료 손질하기 :: 야채는 깨끗이 씻고 양상추는 빵 크기로, 토마토와 양파는 링으로 썰어 준비 합니다. 피클은 편 썰고 할라피뇨도 링으로 썰어 준비하세요.

3 소스 만들기 :: 소스 재료를 모두 넣고 끓여 불고기 소스를 만듭니다.

4 굽기 :: 프라이팬에 빵과 패티와 양파를 구워주세요.

4 마무리 하기 :: 구운 빵에 양상추, 패티, 소스, 양파, 토마토, 피클, 할라피뇨, 소스를 차례대로 올려 구운 빵을 덮어 마무리 합니다.

안동 찜닭

고온에 조리해서 기름기가 적고 담백한 맛이 특징인 안동 찜닭은 갖가지 재료로 만들어 푸짐하고, 각종 영양소도 충분히 섭취할 수 있는 착한 요리입니다. 여기에서는 시판 중인 닭요리 소스를 이용해서 만들었는데, 닭요리 소스를 약간 줄이고 쌍노두유를 넣어보세요. 요리의 색깔이 더욱 고와집니다.

재료

닭 1마리(800g), 청양고추 5개, 양파 1개, 당근 ½개, 감자 4개, 불린 당면 500g, 대파 2대, 청경채 약간, 백후춧가루

양념

깨소금, 물 4컵, 두반장 3큰술, 쌍노두유 5큰술, 닭요리 소스 2큰술, 굴소스 2큰술, 물엿 2큰술, 설탕 2큰술, 다진 마늘 2큰술

사용제품

웍

만드는 방법

1 **주재료 손질하기** :: 닭은 토막 내어 소금, 후춧가루, 미림으로 밑간해 두세요.

2 **야채 재료 손질하기** :: 야채는 큼직하게 썰고, 당면은 물에 부드럽게 불려주세요.

3 **양념 끓이기** :: 강불에 웍을 올리고 물 4컵에 모든 양념 재료와 감자를 넣고 끓여주세요.

4 **재료 끓이기** :: 밸브가 딸랑거리면 닭과 나머지 야채를 넣고, 중불에서 25분 끓인 후 마지막에 청경채(시금치)와 불린 당면을 넣어주세요.

5 **담아 내기** :: 후추와 깨소금을 뿌리고 담아 냅니다.

Tip. 쌍노두유는 색이 진하고 약간 단맛이 있으며 짠맛은 약간 덜한 중국 간장의 한 종류입니다. 주로 색을 낼 때 쓰입니다.

부추잡채와 꽃빵

통통한 중국부추와 맛있는 돼지고기로 만드는 부추잡채. 따끈하게 쪄낸 꽃빵과 곁들이면 풍성한 한 끼 식사가 되지요. 손님초대 요리로도 좋은 부추잡채를 샐러드마스터로 쉽게 만들어보세요.

재료

돼지고기(등심) 200g, 중국부추 1단, 붉은 고추 1~2개, 꽃빵 1인당 2개씩

소스

굴소스 1큰술, 다진 마늘 1작은술, 생강술 1작은술, 소금, 후춧가루, 참기름, 고추기름 약간씩

사용제품

웍, 3Qt. 스티머

만드는 방법

1 고기 손질하기 :: 돼지고기는 4~5cm 길이로 채썰고, 핏물을 제거하세요.

2 야채 손질하기 :: 부추는 고기 길이와 맞추고, 고추는 반으로 갈라 씨를 털고 부추와 같은 길이로 채썰어 주세요.

3 재료 익히기 :: 예열한 팬에 생강술과 마늘을 넣어 향을 낸 뒤 고추기름을 넣고 돼지고기를 넣어 익히고, 부추와 고추를 볶아주세요.

4 간 맞추기 :: 3의 재료가 거의 익으면 굴소스와 소금, 후춧가루로 간을 맞추고 참기름을 둘러 맛을 내세요.

5 꽃빵 찌기 :: 강불로 김을 낸 스티머에 꽃빵을 넣어 쪄내 부추잡채와 함께 담아 냅니다.

유산슬 덮밥

간단해서 짧은 시간에 만들 수 있으면서도 한 끼 식사로 폼 나는 유산슬 덮밥.
부드러운 맛으로 입맛을 사로잡는 유산슬 덮밥은 손님에게 칭찬받는
일품요리입니다. 재료는 가늘게 채썰어야 예쁘다는 걸 잊지 마세요.

재료

쇠고기 100g, 생표고 3장, 오징어 2마리, 불린 해삼 1마리, 깐 새우 100g, 팽이버섯 2봉지, 청피망 1개, 홍피망 ½개, 중국부추 50g, 대파 30g, 감자전분 5큰술, 고추기름 2큰술

고기 코팅 : 계란 흰자 1큰술, 감자전분 1큰술, 식용유 1큰술

소스

간장 1작은술, 굴소스 2큰술, 소금 1작은술, 청주 1큰술, 육수 5컵

육수 만들기: 다시마, 멸치, 물 6컵

녹말물 만들기: 물 6큰술, 전분 6큰술

사용제품

웍, 3Qt. 냄비

만드는 방법

1 고기 손질하기 :: 쇠고기는 채썰어 핏물을 제거하고 간장 1작은술로 밑간한 뒤 계란 흰자 1큰술, 감자전분 1큰술, 식용유 1큰술 순으로 코팅하세요.

2 해물 손질하기 :: 끓는 물 ½컵에 청주 2큰술을 넣어 오징어, 불린 해삼, 깐 새우를 넣고 데쳐낸 뒤 오징어와 해삼은 채썰고 깐 새우는 소금, 청주 각 1작은술에 밑간하세요.

3 소스 준비하기 :: 육수를 만들어 분량의 소스 재료를 모두 섞고, 표고버섯은 얇게 저며 썰어두세요. 피망은 채썰어 둡니다.

4 고기 익히기 :: 냄비를 강불로 예열한 뒤 중불로 낮춰 쇠고기를 고추기름으로 먼저 볶아주세요.

5 나머지 재료 익히기 :: 고기가 어느 정도 익으면 양념 육수를 넣고, 김이 나면 해물 재료를 넣고 끓입니다. 밸브가 딸랑거리면 야채 재료를 넣고, 가장자리에 녹말물을 부어주고, 재료가 다 익을 때쯤 팽이버섯과 부추, 대파를 넣어 불을 끄고 잔열로 살짝 익혀 내세요.

갈비 묵은지 김치찜

아무런 양념 없이 만드는 갈비 묵은지 김치찜.
한번 먹어보면 그 맛을 잊지 못하는 마법 같은 맛이지요.
일반 냄비에 요리를 하면 최소 1시간 이상 끓여야 하지만
샐러드마스터를 이용하면 1시간도 채 걸리지 않아요.

재료

돼지갈비 1kg, 김치 2포기
(묵은지, 신김치, 무김치 등),
대파 2대, 양파 $\frac{1}{2}$개, 육수 3컵

사용제품

미니 웍

만드는 방법

1 **재료 손질하기** :: 갈비는 핏물을 빼서 준비하고, 김치는 쪽을 내어 준비하세요. 양파는 채썰고 파는 길게 어슷썰기하세요.

2 **갈비 익히기** :: 웍에 김치와 갈비를 한 줄씩 순서대로 놓고 육수를 부어 강불로 조리를 시작합니다.

3 **푹 익히기** :: 밸브가 딸랑거리면 중불로 줄여 40분간 익히세요.

4 **담아 내기** :: 3을 푹 끓여내서 파, 양파를 넣어 접시에 담아 내세요.

돼지 두루치기

매콤한 맛이 입맛을 당기는 돼지 두루치기는 누구나 좋아하는 요리입니다.
매콤달콤한 양념으로 다른 반찬 걱정 없이 근사한 식탁을 만들 수 있지요.
쌈 채소를 곁들여 더욱 담백한 맛을 즐겨보세요.

재료

돼지 목등심 500g, 양파 300g, 양배추 150g, 감자 1개, 표고버섯(또는 양송이버섯) 5개, 꽈리고추 10개, 대파 2대

양념

고추장 100g, 고춧가루 2큰술, 간장 1큰술, 국간장 1큰술, 다진 마늘 2큰술, 설탕 2큰술, 물엿 2큰술, 미림 2큰술, 참기름 2큰술, 통깨, 소금, 후춧가루 약간씩

사용제품

웍 또는 11Inch 스킬렛

만드는 방법

1 고기 밑간하기 :: 돼지고기를 먹기 좋을 만큼 썰어서 밑간을 해두세요(소금, 후춧가루, 미림 약간).

2 야채 손질하기 :: 양파, 양배추는 채썰기, 표고버섯은 편썰기, 고추, 대파는 어슷썰기, 감자는 납작썰기로 손질하세요.

3 양념 버무리기 :: 분량의 양념을 만들어 고기와 야채를 모두 버무려두세요.

4 고기 익히기 :: 3의 재료를 모두 넣고 중불로 30분 익혀주세요.

5 그릇에 담아 내기 :: 통깨를 뿌려 담아 내세요.

매운 닭찜

한국인들이 사랑하는 매콤한 음식에서는 한국의 힘이 느껴지는 것 같아요.
그중에서도 많은 사람들에게 사랑받는 매운 닭찜을 만들어볼까요?
양념이 잘 배도록 조리 전 최소 10분 이상 재워두는 걸 잊지 마세요.

재료

닭 1마리(800g), 소금 ½ 작은술, 후춧가루, 청주 약각씩, 감자 1~2개, 양파 1개, 당근 1개, 청·홍고추, 대파 1대, 청양고추 10개

양념

고춧가루 2~3큰술, 간장 6큰술, 고추장 1큰술, 설탕 2큰술, 마늘 1큰술, 생강 1작은술, 물엿 1큰술, 참기름, 후춧가루

사용제품

웍 또는 오일 스킬렛

만드는 방법

1 고기 손질하기 :: 토막낸 닭 한 마리를 준비한 다음 소금, 후춧가루, 청주에 밑간을 해두세요.

2 야채 손질하기 :: 감자, 양파, 당근을 절반으로 자르고 청·홍고추, 대파는 어슷하게 썰고, 청양고추는 다져 두세요.

3 양념하여 익히기 :: 모든 재료와 양념을 냄비에 넣어 버무린 뒤 중 중불로 조리를 시작하세요.

4 그릇에 담기 :: 밸브가 딸랑거리면 불을 중약불로 줄이고 30분간 익힌 후 통깨를 뿌려 접시에 담아 내세요.

4.5 파닥파닥 신선재료로 생선·해물 요리하기

병어 고추장 조림
고등어 조림
우럭 매운탕
우럭 탕수
자리돔 튀김과 간장소스
오징어 마 조림
새우 날치알 구이
오징어 링 해물전
금태 조림
도미 조림
★ Special Recipe 새우 카레전

병어
고추장
조림

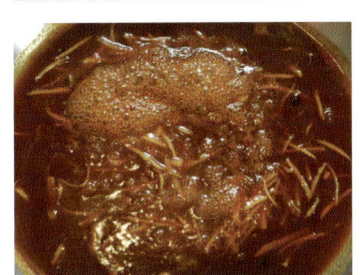  

원기 회복에 좋은 병어로 입맛 당기는
고추장 조림을 만들어 보아요.
병어는 표면이 매끄럽고 윤기가 도는
탄력있는 것으로 고르세요.

재료

병어살 (포 뜨기) 300g, 생강 40g (밑간 : 청주 2큰술, 소금 ½작은술, 참기름 1작은술, 후춧가루 약간)

조림장

생강채 2큰술, 고추장 4큰술, 간장 2큰술, 청주 2큰술, 맛술 4큰술, 설탕 2큰술, 참기름 1큰술

고명

대파채, 홍고추

사용제품

프라이팬

만드는 방법

1 **병어 손질하기** :: 병어는 포를 떠서 가시를 발라내고 사방 4cm 크기의 큰 깍두기 모양으로 썰어두세요.

2 **야채 손질하기** :: 생강은 편으로 썰고 밑간양념인 청주, 소금, 참기름, 후추는 섞어두세요.

3 **병어살 재우기** :: 트레이에 생강편, 병어살, 섞어둔 밑간양념을 섞어 10분간 두세요.

4 **조리기** :: 팬에 고추장, 간장, 청주, 생강채, 맛술, 설탕을 넣고 보글보글 끓으면 재워둔 병어살이 밑으로 가도록 넣어 조려주고, 마지막에 참기름을 넣어주세요.

5 **담아 내기** :: 접시에 병어를 담고 대파채와 또각또각 썬 홍고추를 올려 상에 내세요.

Tip. 병어살을 뒤적이지 말고 한 면이 다 익으면 살짝 뒤집고 팬을 흔들면서 소려야 살이 부시지지 않아요.

고등어 조림

영양이 풍부해 '바다의 보리'라고 불린다는 등 푸른 생선 고등어. 부드러운 살과 푹 삶아진 무가 완벽한 조화를 이루는 고등어 조림입니다. 특히 가을과 겨울에 더 맛있는 고등어를 칼칼하게 끓여볼까요?
샐러드마스터는 야채를 미리 넣어도 쉽게 색이 변하지 않아 더욱 편하게 조리할 수 있답니다.

재료

고등어 2마리, 무 1개
청·홍고추 2개씩, 대파 1대,
양파 200g

양념

간장 4큰술, 고추장 2큰술,
설탕 2큰술, 다진 마늘
2큰술, 다진 생강 1작은술,
맛술 4큰술, 깨소금 2작은술

사용제품

오일 스킬렛

만드는 방법

1 **주재료 손질하기** :: 고등어는 어슷하게 썰어 준비하세요.

2 **야채 재료 손질하기** :: 무는 10x10x2.5cm 크기로 썰어두고 대파와 청·홍고추는 어슷하게 썰어두세요.

3 **양념 섞어두기** :: 양파는 샐러드마스터 머신으로 잘게 썰고, 분량의 양념과 섞어두세요.

4 **재료 앉혀 끓이기** :: 전기냄비(오일 스킬렛)에 무, 고등어와 양념을 넣고 180도로 가열하다가 벨브가 딸랑거리면 청·홍고추와 대파를 넣고 130도로 20분 정도 은근히 졸여주세요.

우럭 매운탕

우럭은 기름기가 많아 매운탕을 끓이면 고소하답니다. 바다에서 나오는 먹을거리들은 미네랄을 많이 함유하고 있어서 자주 먹을수록 좋지요. 시원하고 얼큰한 우럭 매운탕의 고춧가루 양념은 미리 만들어 잠깐 숙성시켜 두어야 고춧가루가 따로 뜨지 않는답니다.

재료

우럭 1kg(3마리 정도), 소금 1큰술, 느타리버섯 200g, 홍고추 1개, 풋고추 3~5개, 대파 2대, 쑥갓 50g

국물 재료

물 6컵, 다시마 30g, 무 200g, 마른 홍고추 2개

양념

고춧가루 3큰술, 다진 마늘 2큰술, 다진 생강 1작은술, 청주 ¼컵, 맑은 장국(국간장) 2큰술, 소금, 후춧가루 약간

사용제품

미니 웍, 3Qt. 냄비

만드는 방법

1. **재료 손질하기** :: 우럭은 비늘을 말끔히 긁어 깨끗이 씻어서 토막을 낸 다음 소금 2큰술로 밑간하세요. 청·홍고추와 대파는 어슷 썰어 준비해두세요.

2. **국물 만들기** :: 적당한 크기로 잘라둔 국물 재료는 냄비에 넣고 30분 정도 우린 다음, 끓으면 다시마를 건지고 조금 더 끓여서 국물은 고운 체로 거릅니다. 무는 건져서 나박썰기하고, 느타리버섯은 굵게 찢어두세요.

3. **양념 만들기** :: 양념의 재료를 미리 섞어두세요.

4. **끓여 내기** :: 냄비에 체에 받친 국물과 준비된 무, 느타리 버섯을 넣고 끓이다가 밸브가 딸랑거리면 1분쯤 뒤에 미리 섞어둔 양념장과 우럭을 넣고 끓여주세요. 우럭이 익으면 청·홍고추와 대파, 쑥갓을 넣고 끓이면서 상에 내세요.

우럭 탕수

중국인들은 생선이 부와 장수를 뜻한다 하여 생선요리를 꼭 손님초대상에 올린다고 해요. 새콤달콤한 소스를 곁들인 우럭 탕수는 손님상에 잘 어울리는 귀한 요리입니다. 꼬리를 잡고 뜨거운 기름을 부으면서 튀기므로 손을 조심하세요.

재료

우럭 2마리 700g, 녹말가루 50g, 튀김기름, 양파 200g, 홍피망 1개, 청피망 2개, 파인애플 링 3조각

소스

(A) 물 1⅓컵, 주스 10큰술, 설탕 9큰술, 간장 1큰술, 소금 소소

(B) 식초 6큰술, 감자전분 2큰술을 미리 섞어서 준비

사용제품

미니 웍 또는 11Inch 스킬렛

만드는 방법

1 **우럭 손질하기** :: 우럭은 아가미로 내장을 빼고 포를 뜨듯이 앞뒤로 칼집을 넣어 소금 ½큰술을 뿌려 체에 받친 후 물기를 없애주세요. 지느러미는 따로 손질하지 않습니다.

2 **야채 손질하기** :: 파인애플 링은 6등분하고 야채는 모두 비슷한 크기로 썰어주세요.

3 **튀기기** :: 웍에 기름을 180도까지 예열하고 우럭은 녹말가루를 앞뒤로 고루 묻힌 다음 우럭의 꼬리부분을 잡고 끓는 기름을 부으며 노릇하게 튀겨내세요.

4 **양념 만들기** :: 냄비에 분량의 소스(A)를 넣고 끓으면 피망을 제외한 야채를 넣어 끓이다가 피망과 잘 섞은 소스(B)를 돌려가며 부어준 후 농도가 생기면 불을 꺼주세요.

5 **담아 내기** :: 튀겨둔 우럭을 넓은 접시에 담고 양념을 얹어 내세요.

자리돔 튀김과 간장소스

자리돔은 제주에서는 자리, 통영에서는 생이리로 불리는 생선입니다.
주로 제주지역에서 많이 잡히며 물회, 강회, 구이 등으로 많이 먹지요.
고소한 자리돔에 곁들이는 새콤한 간장소스. 젓가락 쉴 틈이 없답니다.

재료

자리돔 1kg, 전분 ⅔컵,
튀김가루 ⅓컵

소스

간장 2큰술, 설탕 1큰술,
맛술 2큰술, 레몬 슬라이스
2조각

사용제품

11Inch 스킬렛 또는 미니 웍,
8.6Inch 스킬렛

만드는 방법

1. **자리돔 손질하기** :: 자리돔은 비늘을 긁어 준비한 뒤 전분과 튀김가루를 섞어 만든 튀김옷을 묻혀주세요.

2. **튀김기름 가열하기** :: 냄비에 기름을 1cm 높이로 넣어 뚜껑이 뜨거워질 때까지 예열하세요.

3. **자리돔 튀기기** :: 2의 냄비를 중강불로 두고 튀김옷을 입힌 자리돔을 넣어 4분간, 뒤집어서 3분간 튀겨내세요.

4. **담아 내기** :: 소스를 끓여 레몬 슬라이스와 함께 냅니다.

오징어 마 조림

해독, 숙취해소, 장에 좋은 마는 '산 속의 장어'라고 불릴 만큼 원기회복에도 좋은 재료랍니다. 단백질이 풍부한 오징어와 함께 조림을 만들어 보양식으로 드셔보세요. 오징어 링의 크기가 마와 비슷한 것을 골라야 예쁘답니다.

재료

산마 350g, 오징어 2마리, 대파 흰 부분 1대, 꽈리고추 40g

양념

우동간장 3큰술, 물 1컵, 설탕 2큰술, 미소된장 1큰술

사용제품

11Inch 스킬렛

만드는 방법

1 **오징어 손질하기** :: 오징어는 껍질을 벗겨서 몸통은 1.5cm 두께로 썰고 다리는 2등분해 주세요.

Tip. 손에 소금을 묻혀 껍질을 벗기면 잘 벗겨진답니다.

2 **야채 손질하기** :: 마는 껍질을 필러로 벗긴 다음 1.5cm 두께로 썰고, 대파는 두껍게 어슷 썰고 꽈리고추는 포크로 찔러주세요.

3 **재료 익히기** :: 냄비에 물과 설탕을 넣은 후 중불에 놓고 끓으면 오징어와 마를 넣습니다. 10분 후 간장과 된장을 넣고 3분 후 대파와 꽈리고추를 넣은 뒤 뚜껑을 열고 센 불에서 조려주세요.

4 **조려 내기** :: 3을 뒤적거리지 말고 국물만 끼얹어주면서 국물이 조금 남을 때까지 조린 뒤 담아 내고 통깨를 뿌려주세요.

새우 카레전

웰빙 음식으로 각광받는 카레를 가볍게 즐길 수 있는 새우 카레전 입니다. 노란 색상과 독특한 향으로 입맛을 돋워준답니다.

재료

깐 새우 15마리, 카레 1큰술, 밀가루 ½컵, 양파 ¼개, 계란 1개, 물 ½컵, 청.홍피망 ¼개씩, 흑임자 약간

사용제품

프라이팬

만드는 방법

1 재료 다지기 :: 야채들은 사방 0.3cm으로 다지고 깐 새우는 굵직하게 다져줍니다.

2 반죽 만들기 :: 다진 야채와 새우에 밀가루, 계란, 카레가루, 물을 넣어 반죽을 합니다.

3 전 부치기 :: 기름을 두른 프라이팬에 반죽을 한 수저씩 떠서 노릇하게 지져주세요.

쫄깃한 두툼 새우에 날치알과 치즈를 올리는 새우 날치알 구이. 모양도 예쁘지만 톡톡 터지는 날치알이 입맛을 다시게 합니다.

손님상에도 좋은 새우 날치알 구이. 새우를 구울 때 꼬리를 눌러 모양을 잡아주어야 구워졌을 때 모양이 잘 잡힌답니다.

재료

대하 4마리(혹은 중하 8마리), 꼬치

양념

(A) 향신즙 1큰술, 포도주 ½큰술, 소금, 백후춧가루

(B) 다진양파(물기를 꼭 짜서) 4큰술, 날치알 3큰술, 마요네즈 2큰술, 소금, 후춧가루 약간

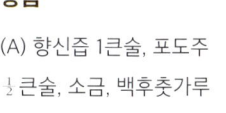
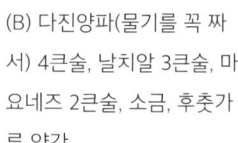

고명

치즈, 다진 파슬리 약간씩

사용제품

오일 스킬렛

만드는 방법

1 **새우 손질하기** :: 새우는 등쪽을 가위로 자른 후 칼로 깊게 칼집을 내고 내장은 제거한 뒤 펴 두세요.

2 **새우 모양 잡기** :: 꼬치를 이용하여 새우를 꽂아 고정하고 양념(A)를 뿌려 밑간하세요.

3 **양념 담기** :: 양념(B)를 섞어서 새우 등쪽에 고루 얹어주세요.

4 **구워 내기** :: 180도로 예열한 팬에 새우모양을 잡아놓고 130도에서 10분간 구운 후 치즈를 얹어 녹으면 꺼내서 파슬리를 뿌려 내세요.

오징어 링
해물전

동글동글한 오징어 링에 맛있는 속이 꽉 찬 오징어링 해물전입니다. 단백질과 타우린이 풍부한 오징어는 피로회복에 효과가 있으며 오징어 속의 콜레스테롤은 혈중 콜레스테롤을 감소시켜 혈압을 안정시키는 좋은 콜레스테롤이랍니다.

재료

오징어 몸통 4마리분(작은 것으로 900g), 튀김가루, 계란 3개(계란물 만들기)

속재료

오징어 다리부분, 새우 살 200g, 바지락 살 100g (기타 해물 종류 취향껏), 청주 약간, 양파 150g, 청양고추 5개, 느타리버섯 100g, 실파(또는 부추) 50g, 기타 야채 다짐 50g, 참기름 2큰술, 소금, 후춧가루, 계란 2개, 부침가루 5큰술, 포도씨유

사용제품

프라이팬

만드는 방법

1 **주재료 손질하기** :: 오징어 몸통부분을 0.6cm 두께 링으로 썰어두세요. 오징어의 나머지 부분은 냄비에 익혀 다져두세요.

2 **속재료 손질하기** :: 해산물은 청주를 부어두고 야채들은 다져두세요.

3 **속재료 만들기** :: 2의 모든 재료와 다진 오징어를 섞어 계란과 부침가루로 농도를 맞춰 속을 만드세요.

4 **전 만들기** :: 중불로 예열해둔 팬에 오일을 두르고 불을 끈 뒤 1의 오징어링을 밀가루에 버무려놓고, 가운데 속은 ⅔정도씩 채워 계란물을 꾹꾹 찔러 넣어주면서 앞뒤로 부치세요.

Tip. 오징어가 익으면서 줄어드니 처음부터 속을 꽉 채우지 마세요.

Tip1. 초간장(간장 4큰술, 식초 2큰술, 설탕 1큰술, 물 2큰술)을 곁들여 담아 내세요.
Tip2. 뚜껑을 덮어주세요(오일 스킬렛 뚜껑 사용). 더 빨리 익는답니다.

금태조림

금태는 이름이 많은 생선입니다. 몸 전체가 예쁜 핑크색이고 눈도 크고 빨갛기 때문에 빨간 생선, 제주도에서는 북조기라 불린답니다. 정확한 이름은 눈 볼대라고 한다는 군요. 금태는 기름기가 많지만 담백한 생선이랍니다. 달콤한 양념의 조림으로 입맛을 살려보세요.

재료

금태 2마리(간장 ⅓컵, 소금으로 밑간), 우엉 400g(다시마물 2컵), 꽈리고추 200g

조림장

(A) 몽고 생간장 ⅓컵, 미림 ⅔컵, 설탕 4큰술

(B) 다시마물 1컵, 우엉 조린 물, 청주 5큰술

사용제품

브레이저 팬 또는 미니 웍

만드는 방법

1 **야채 손질하기** :: 우엉은 필러로 껍질을 벗겨 6~7cm 길이로 썰어 준비한 뒤 다시마물과 함께 중불로 끓이다가 밸브가 딸랑거리면 약불로 줄여 10분 더 끓이고, 체에 받쳐 우엉과 우엉 조린 물을 따로 준비하세요. 꽈리고추는 간이 잘 배도록 구멍을 뚫어두세요.

2 **생선 손질하기** :: 금태는 배를 가르고 3~4등분하여 반으로 자른 뒤 간장과 소금으로 밑간하세요.

Tip. 밑간을 한 생선은 살이 단단해지고 간도 배서 더 맛있어요.

3 **생선 익히기** :: 냄비에 조림장(A)를 넣고 중불로 끓이다 밸브가 딸랑거리면 우엉을 넣고, 다시 딸랑거리면 생선살이 아래쪽으로 가도록 넣어 끓여줍니다.

4 **조리기** :: 3에 조림장(B)를 ⅓ 정도 붓고 다시 끓이다가 딸랑거리면 다시 ⅓을, 끓으면 다시 ⅓을 넣고 뚜껑을 연 채 국물을 끼얹어주며 쫀득한 정도로 조립니다. 어느 정도 조려지면 꽈리고추를 넣어 한 번 더 조려주세요.

Tip. 생선의 피를 깨끗이 씻어야 비린내가 제거됩니다.

도미
조림

얌전하게 튀겨낸 도미를 맛있는 양념으로 조린 도미 조림입니다. 봄철에 가장 맛있는 도미는 지방이 적고 살이 단단해서 중년기에 좋은 생선이랍니다. 피로회복에도 좋고, 회복기 환자들에게도 좋아요. 생선을 손님상에 낼 때는 왼쪽에 머리를 두고, 배는 손님 앞으로 놓는 것이 예의랍니다.

재료

도미 1마리(400g: 간장 1큰술, 소금으로 밑간), 녹말가루, 밀가루 각 1큰술, 우엉 60g, 당근 20g, 꽈리고추 5개, 대파 흰 부분(5cm) 2대, 튀김기름 1½큰술, 유자청 1큰술, 실고추 약간

조림장

(A) 마늘채 1½큰술, 생강채 2큰술, 마른 홍고추 2개

(B) 간장 ⅓컵, 황설탕 2큰술, 청주 1½큰술, 후춧가루 ⅓작은술, 물 3큰술

사용제품

브레이저 팬(도미 크기에 따라)

만드는 방법

1 **도미 손질하기** :: 도미는 아가미로 내장을 빼고 손질해 밑간한 후 튀김옷을 묻혀주세요. 팬에 1cm 정도의 기름을 넣고 도미를 튀겨내세요.

2 **야채 손질하기** :: 우엉, 당근, 마늘, 생강은 채썰고 꽈리고추는 어슷썰기, 마른 고추는 뚝뚝썰기, 대파는 굵은 채로 썰어 준비하세요.

3 **조림장 만들기** :: 도미를 튀겨낸 튀김기름을 1½큰술만큼 남기고 조림장(A)를 섞은 후 중불에서 우엉, 당근, 조림장(B)를 넣고 끓여주세요.

4 **도미 조리기** :: 3의 밸브가 딸랑거리면 약불로 줄여 2~3분 익힌 후 도미를 넣어 조린 다음 끓으면 꽈리고추와 대파를 넣어주세요.

5 **담아 내기** :: 국물이 거의 졸면 꿀과 유자청을 넣고 그릇에 담아 내세요.

Tip. 튀김기름에 조림장(A)를 넣으면 간편하게 고추기름이 된답니다.

4.6
바삭바삭 ⭐⭐ 고소고소 튀김 요리하기

돈까스

줄쥐포 튀김

케이준 치킨 샐러드

모듬버섯 깐풍

부귀새우

야채 튀김

대추 인삼말이 튀김

고등어 데리야키

★ Special Recipe 치킨 마늘 데리야키 덮밥

돈까스

튀김요리의 기본이라 할 수 있는 돈까스, 어른들은 물론이고 아이들도 그 바삭한 맛을 좋아하죠. 빵가루에 강황가루를 약간 넣어주세요. 파슬리도 추가하여 색감을 더하고 누린 맛도 제거하세요. 샐러드마스터를 이용하면 적은 기름으로 예열 없이 튀겨낼 수 있어서 시간과 기름을 절약할 수 있고, 기름 섭취를 줄여서 건강에도 더 좋답니다.

재료

돼지고기 등심 600g, 계란 3개, 밀가루 1½컵, 빵가루 2컵

소스

육수 4큰술, 물엿 1큰술, 케첩 2큰술, 돈까스소스 8큰술, 우스터소스 4큰술, 사과즙 6큰술, 미림 1작은술, 땅콩 잼 ½큰술, 물전분

고기 밑간

다진 마늘 2큰술, 다진 생강 ½큰술, 후춧가루 약간

사용 제품

오일 스킬렛

만드는 방법

1 주재료 준비하기 :: 돼지고기에 청주, 마늘, 생강, 후춧가루로 밑간하세요.

Tip. 돈까스용 등심은 정육점에서 기계로 눌러달라고 하거나 칼날로 살짝 두드려 부드럽게 하세요.

2 고기 튀기기 :: 기름은 바닥에 깔리게 붓고 밑간한 고기에 밀가루, 계란, 빵가루 순으로 입힌 후 160도로 10분, 뒤집어서 10분 튀겨주세요.

Tip. 빵가루를 꼭꼭 눌러 묻혀주세요.

3 소스 만들기 :: 분량의 소스 재료를 모두 넣고 중불로 끓이다가 밸브가 딸랑거리면 물전분으로 농도를 맞추세요.

4 담아 내기 :: 접시에 돈까스를 담은 후 소스와 함께 내세요.

4.6 바삭바삭 고소고소 튀김 요리하기

줄쥐포 튀김

짭짤하고 달달한 양념이 되어 있는 쥐포. 구워 먹어도 맛있지만 튀김으로 먹어도 참 맛있답니다. 아마 그 맛을 보시면 손이 절로 가는 매력에 깜짝 놀라실 거예요. 튀김옷이 너무 두꺼우면 기름을 더 많이 먹으니 튀김옷은 얇게 입혀주세요.

재료

줄쥐포, 튀김가루 8큰술,
전분 4큰술, 얼음물 10큰술

소스

간장 2큰술, 청주 2큰술, 다시마물 10큰술, 다진 실파 약간, 레몬 1조각

사용제품

8.6Inch (스몰)스킬렛

만드는 방법

1 **주재료 손질하기** :: 줄쥐포를 1cm 넓이로 썰어 물에 씻어주세요.

2 **튀김옷 입히기** :: 1의 줄쥐포에 튀김가루를 묻히고 튀김옷을 입혀주세요.

Tip. 튀김옷은 튀김가루 6큰술, 전분 4큰술, 얼음물 10큰술입니다. 날가루가 보일 정도로 살짝 섞어주세요.

3 **덧가루 뿌리기** :: 2에 튀김가루를 2큰술 뿌린 후 날가루가 보이도록 1~2회 저어주세요.

4 **튀겨 내기** :: 150도 온도에서 튀겨낸 뒤 소스와 함께 내세요.

Tip. 튀김 소스는 모두 같은 레서피입니다. 미리 만들어 보관했다가 다양하게 즐기세요. 소스 만들기는 야채 튀김을 참고하세요.

케이준 치킨 샐러드

색색의 갖은 야채와 부드러운 닭가슴살을
바삭하게 튀겨 함께 즐기는 케이준 치킨 샐러드.
두툼한 튀김옷은 기름을 많이 섭취하게 하므로
튀김옷을 얇게 입히고 적은 기름으로
재빨리 튀겨내세요.

재료

닭가슴살 1쪽, 삼색 파프리카 ¼개씩, 양상추 적채 약간, 미림 1큰술, 소금, 후춧가루 약간씩, 녹말가루 1큰술

소스

파인애플링 3개, 양파 25g, 캐슈넛 30g, 우유 50g, 레몬즙 1큰술, 설탕 2큰술, 식초 2큰술, 소금 약간, 파슬리 약간

사용제품

1Qt. 냄비

만드는 방법

1 주재료 손질하기 :: 소스 재료는 모두 섞어 곱게 갈아두세요.

2 튀기기 :: 1의 준비된 닭가슴살을 1cm 높이의 기름에 150도 온도에서 튀깁니다.

3 야채 손질하기 :: 양상추는 먹기 좋은 크기로 뜯어두고, 나머지 야채들도 가늘게 채 썰어 준비해두세요.

4 담아내기 :: 야채 위에 약간 식힌 닭가슴살을 얹고 미리 준비한 소스를 뿌려주세요.

모듬버섯 깐풍

재료

생표고버섯 1개, 새송이버섯 1개, 양송이 2개, 녹말 5큰술, 삼색 파프리카 약간, 마늘 2쪽, 양파 ¼개, 계란 1개, 참기름, 소금, 후춧가루 약간씩

소스

칠리소스 2큰술, 굴소스 ½큰술, 생강술 ½큰술

사용제품

5Qt. 로스터

만드는 방법

1 **주재료 손질하기** :: 버섯을 2~3토막으로 자른 뒤 참기름, 소금, 후춧가루로 밑간한 후 녹말 2큰술을 묻혀주세요.

2 **튀김옷 입히기** :: 1에 계란 흰자로 옷을 입힌 후 녹말 3큰술을 묻혀주세요.

3 **야채 손질하기** :: 삼색 파프리카와 마늘, 양파를 0.5cm로 잘게 썰어주세요.

4 **튀기기** :: 2의 준비된 버섯을 0.5cm 정도 높이의 기름에 넣고 뚜껑을 덮어 중간불로 튀겨내세요.

5 **버무려 내기** :: 냄비에 마늘향을 낸 후 소스 재료와 야채를 넣어 볶다가 튀긴 버섯을 넣어 버무려 내세요.

몸에 좋은 버섯들을 풍성하게 즐기는 특별한 방법, 바로 모듬버섯 깐풍입니다. 각종 버섯의 향과 맛을 고스란히 즐기면서 맛있게 먹을 수 있는 요리랍니다.
중화풍의 깐풍이라면 어렵게 느끼실 수 있지만 셀리드미스터와 함께라면 만드는 방법도 아주 쉬워요. 손님상에 올리면 칭찬받으실 거예요.

치킨 마늘 데리야키 덮밥

쫄깃한 닭다리살과 감칠맛 나는 데리야키 소스의 환상궁합.
건강을 생각하며 만드는 치킨 마늘 데리야키 덮밥입니다.
데리야키 소스를 간단하게 만들어 두루 사용하세요.

재료

닭다리살 200g, 양파 ½개, 당근 ¼개, 불린 건표고 2장, 마늘 7쪽, 홍고추 1개, 꽈리고추 5개, 녹말가루 3큰술, 소금, 후추 약간, 밥 2공기

소스

간장 3큰술, 설탕 2큰술, 맛술 3큰술, 다시마물 ¾컵

사용제품

프라이팬

만드는 방법

1 닭고기 손질하기 :: 닭다리살은 칼집을 넣어 부드럽게 한 다음, 소금과 후추에 재워 두세요.

2 야채 손질하기 :: 꽈리고추는 ½로 어슷 썰기 하고 마늘, 홍고추, 양파, 당근, 불린 표고는 굵직하게 다져둡니다.

3 닭고기 튀기기 :: 밑간 한 닭다리살에 녹말가루 옷을 입혀두고, 프라이팬에 기름이 바닥에 깔리게 부어 굽듯이 앞, 뒤로 노릇하게 튀겨 기름을 빼둡니다.

4 야채 볶기 :: 닭을 튀긴 프라이팬에 마늘, 홍고추, 양파, 당근, 표고 순으로 볶아줍니다.

5 소스 만들기 :: 볶아진 채소에 소스재료를 넣어 끓으면 익힌 닭고기, 꽈리고추를 넣고, 소스와 어우러지게 졸여 주세요.

6 담아 내기 :: 밥 위에 졸여진 닭을 먹기 좋게 잘라 올리고, 소스를 끼얹은 다음, 졸여진 꽈리고추를 중앙에 올려 줍니다.

부귀 새우

중국 사람들이 귀한 손님상에만 낸다는 부귀새우입니다. 마요네즈 새우라는 이름으로도 잘 알려져 있는 귀한 요리인데요. 마요네즈소스를 사용하지만 많이 느끼하지 않답니다. 손님상에 내놓으면 사랑을 듬뿍 받을 요리입니다.

재료

새우(큰 것) 10마리, 청주 1큰술, 브로콜리 100g, 콜리플라워 100g, 파인애플링(통조림) 3개, 감자 전분 $\frac{1}{2}$컵, 소금, 후춧가루 약간

소스

마요네즈 3큰술, 파인애플 통조림 국물 1큰술, 레몬즙 1큰술, 설탕 1큰술

사용제품

3Qt. 냄비, 미니 웍

만드는 방법

1 **주재료 손질하기** :: 새우는 손질해서 소금, 후춧가루, 청주로 밑간하세요.

2 **야채재료 손질하기** :: 파인애플은 8등분으로 썰고 브로콜리와 콜리플라워는 깨끗이 씻어 냄비에 넣고 약불에서 냄비가 딸랑거리면 불을 꺼서 3분 정도 식혀주세요.

3 **소스 만들기** :: 분량의 소스 재료를 모두 섞어두세요.

4 **주재료 튀기기** :: 새우에 전분을 묻혀 미니 웍 중불에서 7분 정도 튀기세요.

5 **버무리기** :: 미니 웍에 소스를 넣고 끓으면 4의 튀겨낸 새우와 야채, 파인애플을 넣어 재빨리 버무려 내세요.

야채 튀김

길거리 포장마차에서 떡볶이와 함께 파는 각종 튀김들. 맛있어 보이지만, 길거리의 먼지, 얼마나 사용했는지 모를 기름을 생각하면 선뜻 손이 가지 않지요.
적은 기름으로 바삭하게 튀기는 샐러드마스터의 튀김법으로 맛있는 야채 튀김을 아이들에게 만들어주세요.

재료

고구마 1개, 당근 1개, 단호박 ¼개, 튀김가루 8큰술, 전분 4큰술, 얼음물 10큰술

소스

간장 2큰술, 청주 2큰술, 다시마물 10큰술, 다진 실파 약간, 레몬 1조각

사용제품

8.6Inch (스몰)스킬렛

만드는 방법

1 재료 손질하기 :: 야채는 길이로 가늘게 썰어주고 분량의 소스 재료를 미리 끓여 차게 식혀두세요.

2 튀김옷 입히기 :: 1의 튀김가루 6큰술과 전분, 얼음물로 만든 튀김옷을 썰어둔 야채에 입혀주세요.

3 튀길 준비하기 :: 2에 튀김가루 2큰술을 뿌린 후 1~2회만 저어 날가루가 보이도록 둡니다.

4 튀기기 :: 냄비에 1cm의 높이로 기름을 담고 예열하여 180도에서 야채를 바삭하게 튀겨냅니다.

5 담아 내기 :: 준비된 소스에 레몬 조각과 송송 썬 실파를 넣어 튀김과 함께 내세요.

대추 인삼말이 튀김

향긋한 인삼 향과 달콤한 맛의 대추가 어우러진 귀한 요리입니다. 보양식으로 널리 알려진 대추 인삼말이를 바삭하게 튀겨내 누구나 즐길 수 있지요.

재료

인삼 5뿌리, 대추 10개,
튀김가루 8큰술, 전분 4큰술,
얼음물 10큰술

소스

간장 2큰술, 청주 2큰술, 다시마물 10큰술, 다진 실파 약간, 레몬 1조각

사용제품

8.6Inch (스몰)스킬렛

만드는 방법

1 인삼 손질하기 :: 인삼 윗부분(몸통)을 5cm로 잘라서 굵게 채썰어 주세요. 뿌리부분은 모양을 살려 2등분하세요.

2 대추 손질하기 :: 대추를 돌려 깎아 씨를 제거하고 1의 채썬 인삼을 대추로 말아주세요. 소스는 미리 만들어둡니다.

3 튀김옷 입히기 :: 2의 인삼대추에 전분가루를 묻힌 후 튀김옷을 입혀주세요.

Tip. 튀김옷은 튀김가루 6큰술, 전분 4큰술, 얼음물 10큰술입니다. 날가루가 보일 정도로 살짝 섞어주세요.

4 튀겨 내기 :: 예열된 팬에 기름을 1cm 정도 붓고 팬을 기울이며 모양을 살려 튀기고 미리 만들어둔 소스와 함께 내세요.

Tip. 튀김은 한 면을 7분 정도, 뒤집어서 3분이면 적당합니다.

영양 많은 고등어의 유일한 단점은 생선의 비린내가 아닐까요? 비리지 않은 특별한 고등어요리를 만들어보아요. 아이들이 좋아해서 반찬으로도 좋고 손님상에 올려도 아주 맛있는 요리랍니다.

샐러드마스터를 이용해 적은 기름에 뚜껑을 덮고 고등어를 튀겨내세요. 시간은 고등어 크기에 따라 조절하면 됩니다.

재료
고등어 1마리, 전분가루 약간

소스
데리야키소스 3큰술, 물엿 3큰술, 고춧가루 1큰술, 청주 2큰술

사용 제품
11Inch 스킬렛

만드는 방법

1 주재료 손질 :: 깨끗이 손질한 고등어 한 마리를 반으로 갈라 포를 뜬 후 전분가루를 충분히 묻혀주세요.

Tip. 전분은 물기와 비린내를 제거하는 역할을 합니다.

2 주재료 튀기기 :: 스킬렛에 소량의 기름을 넣고 살쪽을 아래로 해서 중강(6번)불로 7분간 튀겨주세요.

3 뒤집어 튀기기 :: 2를 뒤집어 3분간 더 튀겨주세요.

4 조리기 :: 튀김기름을 따라낸 뒤 소스를 끓인 후 튀겨낸 고등어를 넣고 잔열로 윤기 나게 조려 내세요.

Tip. 샐러드마스터는 냄비가 열을 가지고 있으므로 잔열로 조릴 수 있습니다.

4.7
언제나 손이 가는 밑반찬 요리하기

스피드 김 부각
새송이 장조림
미역 자반 볶음
마른 꼴뚜기 생땅콩 조림
유자소스 생선 조림
오징어 깡장
뱅어포
청국장가루 꽈리고추찜
★ Special Recipe 무나물

스피드 김 부각

원래 부각은 찹쌀풀을 발라 볕에 말린 후 기름에 튀겨 먹던 전통 밑반찬이죠.
영양 많고 맛있지만 손이 많이 가는 단점이 있지요.
찹쌀풀을 생략하고 손쉽게 김 부각을 만들어보세요.

재료

김 10장, 포도씨유 50cc

소스

맛간장 1큰술, 설탕 $\frac{1}{2}$ 큰술, 통깨 넉넉히

사용제품

미니 웍

만드는 방법

1 **김 손질하기** :: 김을 깨끗이 손질해서 6x4cm 크기로 썰어두세요.

2 **김 볶기** :: 미니 웍에 포도씨유를 넣고 중불에 김을 넣어 약불로 줄여 너풀너풀 바삭해질 때까지 볶아 바트에 옮겨주세요.

3 **소스 만들기** :: 미니 웍에 통깨를 제외한 소스를 넣어 약불에서 바글바글 끓여주세요.

4 **김 다시 볶기** :: 3에 볶아둔 김을 넣어 다시 한 번 볶고, 식기 전에 통깨를 뿌려 내세요.

Tip. 소스는 작은 거품이 생길 때까지 충분히 끓여주세요.

새송이 장조림

비타민C가 풍부하고 필수 아미노산을 다량 함유한 새송이는
저혈압이나 알레르기 억제작용 등 민간요법 효능이 탁월합니다.

재료

새송이 300g, 쇠고기 50g

소스

물 1컵, 맛간장 150cc,
가쓰오부시 30g, 멸치 10g

사용제품

3Qt. 냄비

만드는 방법

1 재료 준비하기 :: 새송이는 사방 3cm, 두께 0.7cm 정도로 얇게 썰고, 쇠고기는 다짐육으로 준비하세요. 준비된 새송이 가운데 칼집을 살짝 넣어 쇠고기를 넣어줍니다.

2 육수 만들기 :: 냄비에 멸치를 볶다가 물을 넣어 끓이고, 끓으면 5분 후에 가쓰오부시를 넣어 걸러주세요.

3 소스 만들기 :: 2의 육수에 맛간장을 넣어주세요.

4 조리기 :: 3의 소스에 새송이를 넣어 끓이고, 끓기 시작하면 중약불에서 20분 정도 조려주세요.

미역 자반 볶음

만들어두면 금방 없어지는 미역 자반 볶음. 미네랄이 많이 들어 있는 미역은 자주 드실수록 좋은데요, 자반 볶음으로 만들면 몸에 좋은 미역을 더욱 많이 먹을 수 있답니다.

미역에는 이미 간이 배어 있으니 따로 간을 하지 마세요.

재료

자른 미역 50g, 파채, 홍고추 ½개, 튀김용 기름

소스

향신즙 1½큰술, 설탕 1½큰술, 물엿 ½큰술, 참기름 ½큰술

사용제품

미니 웍

만드는 방법

1 **재료 손질하기** :: 자른 미역의 먼지를 털고, 홍고추는 채썰어 두고 파채도 홍고추 분량만큼 준비하세요.

2 **미역 튀기기** :: 자른 미역을 170도에서 재빨리 튀겨내세요.

3 **소스 만들기** :: 미니 웍에 소스를 넣어 약불에서 바글바글, 작은 거품이 일 때까지 끓여주세요.

4 **비무리기** :: 3의 소스에 튀긴 미역과 파채, 고추채를 넣고, 불을 끈 뒤 남은 열로 버무리세요.

마른 꼴뚜기 생땅콩 조림

단백질이 풍부하고 특히 타우린이 많아서 스트레스 해소나 피로회복에 좋은 꼴뚜기는 볶음이나 조림으로 많이 먹게 됩니다. 콜레스테롤 개선과 노화방지에 효과가 좋은 땅콩을 곁들여 손쉽게 만드는 마른 꼴뚜기 생땅콩 조림. 생땅콩은 삶아내서 떫은 맛을 제거합니다.

재료

생땅콩 100g, 마른 꼴뚜기 50g

소스

간장 ½큰술, 참치액 ½작은술, 미림 2큰술, 설탕 3큰술, 물 1컵, 참기름 1작은술, 통깨 약간

사용제품

8.6Inch (스몰)스킬렛

만드는 방법

1 **재료 손질하기** :: 생땅콩을 끓는 물에 두 번 데쳐내세요.

2 **소스 만들기** :: 분량의 소스 재료를 미리 섞어주세요.

3 **조리기** :: 2의 소스에 1의 생땅콩과 마른 꼴뚜기를 넣어 센 불에 조리다가 중불로 낮춰 윤기 나게 조려주세요.

무나물

달큰하고 부드러워 아이들이 너무나 좋아하는 무나물.
특히 소화가 잘되어 좋답니다.

재료

무 500g, 다진 마늘 1큰술, 국간장 1큰술, 참기름 2큰술, 깨소금 1큰술, 다진 파 2큰술, 소금 1작은술, 다시마 물 ¼컵

사용제품

웍

만드는 방법

1 무 썰기 :: 깨끗이 씻어 껍질 벗긴 무를 채 썰어 줍니다.

2 무 볶기 :: 냄비에 참기름을 두르고 무를 볶아주세요.

3 간 맞추기 :: 무 색깔이 투명해지면 국 간장, 다진 마늘, 육수를 넣고 1~2분 정도 뚜껑을 덮어 익혀줍니다.

4 담아 내기 :: 익은 무나물에 부족한 간은 소금으로 하고 다진 파, 깨소금을 넣고 버무려 내세요.

유자소스 생선 조림

비타민이 풍부하여 피로회복에 좋고 피부미용과 다이어트에도 효과적인 유자는
신맛이 강하고 향기가 좋아서 차로도 즐기고, 여러 요리에도 사용합니다.
유자소스를 곁들인 생선 조림은 손이 바빠지는 맛있는 반찬이랍니다.

재료

흰 살 생선 300g, 전분,
꽈리고추 20개

소스

간장 2큰술, 미림 1큰술,
설탕 1½ 큰술, 청주 3큰술,
유자청 2큰술

사용제품

1Qt. 냄비

만드는 방법

1 **재료 손질하기** :: 흰 살 생선은 포를 떠서 소금, 후춧가루, 청주로 밑간하고
   꽈리고추는 깨끗하게 준비하세요.

2 **주재료 튀기기** :: 1의 생선은 전분을 묻혀 튀겨주세요.

3 **소스 만들기** :: 분량의 소스를 바글바글 끓여 ½로 줄여주세요.

4 **조리기** :: 3의 소스에 튀긴 생선과 꽈리고추를 함께 넣어 조려주세요.

오징어 깡장

깡장은 되직하게 끓여내는 된장입니다. 밥도 비벼 먹고, 쌈장처럼 야채와 함께 먹어도 맛있답니다. 오징어를 주재료로 하여 쫄깃쫄깃 씹는 맛도 일품인 오징어 깡장으로 식구들의 입맛을 잡아볼까요?

재료

물오징어 몸통만 1마리(중간 크기), 돼지고기 목등심 80g, 청양고추 3개, 양파 ½개

양념

재래된장 1½큰술, 고추장 ½큰술, 멸치가루 1큰술, 물 2컵

사용제품

1Qt. 냄비

만드는 방법

1 **재료 손질하기** :: 물오징어와 돼지고기는 잘게 다지고, 청양고추와 양파도 다져주세요.

2 **양념 준비하기** :: 분량의 양념 재료를 모두 준비해주세요.

3 **끓이기** :: 재료와 양념을 모두 넣어 센 불로 끓이다가 밸브가 딸랑거리면 중간불(6번)로 줄여 5분 정도 끓여주세요.

뱅어포

뼈째 먹는 생선 뱅어포는 새우나 잔멸치보다 칼슘이 많이 들어 있어 성장기 어린이에게 좋고, 골다공증 예방에도 좋답니다. 예전에는 양념을 묻혀 연탄불에 구웠지만 오늘은 쉬운 버전으로 맛있는 뱅어포 튀김을 만들어봅니다. 많이 맵지 않아 아이들도 잘 먹는 밑반찬이랍니다.

재료

뱅어포 4장

소스

맛간장 2큰술, 다진 마늘 1작은술, 고춧가루 1작은술, 설탕 2큰술, 고추기름 1작은술, 오일 1큰술, 마요네즈 2큰술, 통깨 약간

사용제품

1Qt. 냄비(튀김), 스몰 스킬렛(소스 만들기)

만드는 방법

1 **재료 준비하기** :: 뱅어포는 사방 3cm로 잘라 준비해주세요.

2 **재료 튀기기** :: 뱅어포를 160도의 기름에서 가볍게 튀겨주세요.

3 **양념 끓이기** :: 마요네즈를 제외한 분량의 양념을 중약불로 살짝 끓인 후 식혀주세요.

4 **양념 완성하기** :: 2의 양념장에 마요네즈를 넣어 섞어주세요.

5 **버무리기** :: 튀긴 뱅어포를 양념장에 묻혀 버무려주세요.

청국장가루 꽈리고추찜

몸에 좋지만 냄새 때문에 잘 못 먹는 청국장. 하지만 건조시켜 분말로 만든 청국장가루는 장기보관도 가능하고 손쉽게 요리에 사용할 수 있어서 요즘 인기 높은 재료랍니다. 맛있는 꽈리고추찜에 청국장가루를 더하면, 이것이 바로 웰빙 밑반찬!

재료

꽈리고추 100g, 청국장가루 3큰술

소스

맛간장 2큰술,
파·마늘·참기름·통깨
각 ½큰술, 다진 홍고추 1개,
후춧가루 ¼작은술

사용제품

3Qt. 스티머 세트

만드는 방법

1 **고추 손질하기** :: 꽈리고추는 깨끗이 씻어 물기를 살짝 제거하고 포크로 구멍을 뚫어주세요.

2 **고추 찌기** :: 1의 꽈리고추는 청국장가루를 묻혀서 김 오른 찜기에 넣고 밸브가 딸랑거리면 4분 더 쪄주세요.

3 **소스 만들기** :: 통깨를 제외한 분량의 소스 재료는 섞어주세요.

4 **버무리기** :: 쪄낸 고추를 미리 준비한 소스에 버무리고 통깨를 뿌려 담아 내세요.

4.8
행복을 더하는
빵, 과자,
디저트 요리하기

야채 스폰지 케이크
홍차 쿠키
영양 찐빵
밤과자
호두 미니 머핀
팥 시루떡
LA 찹쌀 케이크
찰보리빵
요구르트 과일 샐러드
천도복숭아 잼
토마토 주스
물 없이 찐 옥수수
아망드 쇼콜라
보리 찐빵과 계란찜
★ Special Recipe 생 초콜릿
★ Special Recipe 미니 초코 타르트

야채 스폰지 케이크

재료

스폰지케이크 믹스 1봉,
호박 ½개(중간 크기), 당근
½개(중간 크기), 계란 3개,
견과류 약간, 포도씨유 1큰술

사용제품

8.6Inch (스몰)스킬렛

만드는 방법

1. **재료 반죽하기** :: 케이크 믹스 1봉에 달걀을 넣고 가루가 보이지 않을 정도로 잘 섞어주세요.

2. **야채 반죽하기** :: 1의 반죽에 샐러드마스터 머신을 이용해 호박과 당근을 채쳐 넣어주세요.

   Tip. 견과류가 있으면 약간 넣어주세요.

3. **반죽 앉히기** :: 냄비를 약불로 예열한 뒤 포도씨유를 안쪽 면에 고루 바르고 2의 반죽을 부어 평평하게 하세요.

4. **익혀 내기** :: 약불에 23분 정도 익힌 후 뒤집어서 7~8분 색을 냅니다.

시판 케이크 믹스로 손쉽게 만드는 야채 스폰지 케이크입니다. 몸에 좋은 다양한 야채를 넣어 케이크를 만들어보세요. 폭신한 식감 덕에 아이들도 좋아합니다. 샐러드마스터로 요리할 때는 야채에서 수분이 나오기 때문에 물을 따로 넣지 않습니다. 야채를 넣지 않을 경우에는 우유를 40ml 넣어주세요.

홍차 쿠키

냄비로 굽는 쿠키 보셨나요? 베르가못 향이 나는 향긋한 홍차 '얼그레이'를 넣어 굽는 홍차 쿠키. 행복한 티타임과 무척 잘 어울리겠죠?

재료

버터 100g, 설탕 35g,
소금 1g, 계란흰자 20g,
우유 35g, 박력분 150g,
베이킹파우더 1g,
얼그레이(홍차) 4g

사용제품

11Inch 스킬렛

만드는 방법

1. **가루류 손질하기** 박력분과 베이킹파우더를 미리 섞어 체에 쳐둡니다.

2. **반죽 준비하기** :: 버터를 부드럽게 푼 후 설탕, 소금을 섞어준 뒤 계란 흰자와 우유를 조금씩 나누어 섞어주세요.

3. **반죽하기** :: 설탕 알갱이가 거의 다 사라지면 가루류를 넣어준 뒤 반죽을 자르듯이 섞어주다가 홍차가루를 넣어 별깍지를 끼운 짜주머니에 넣어주세요.

4. **반죽 짜기** :: 팬을 예열하는 사이에 종이호일 위에 8자 모양으로 반죽을 짜줍니다.

5. **구워 내기** :: 예열된 냄비에 종이호일을 한 장 깔고 반죽을 짜놓은 종이호일을 얹은 뒤 뚜껑을 닫고 약불에서 12분간 구워주세요.

영양 찐빵

향긋한 사과를 넣어 사과향이 가득한 찐빵입니다. 각종 야채를 넣을 수 있어 야채를 싫어하는 아이들에게 특히 좋습니다. 샐러드마스터 머신을 사용하면 쉽게 채를 썰 수 있어 요리가 더욱 간편해지죠. 맛있는 찐빵을 만들어서 사과를 곁들여 내세요. 우유와 함께하면 아이들 간식으로 그만입니다.

재료

중력분 300g, 베이킹파우더 2작은술, 설탕 6큰술, 바나나우유 180cc, 계란 1개, 소금 ½작은술, 당근 1토막, 호박 1토막, 사과 5~6개

사용제품

11Inch 스킬렛, 샐러드마스터 머신

만드는 방법

1. **사과 손질하기** :: 샐러드마스터 머신을 이용해 사과를 잘라 냄비에 넣고 딸랑거릴 때까지 예열해주세요.

2. **반죽하기** :: 볼에 우유, 설탕, 소금, 계란을 섞고 밀가루에 베이킹파우더를 섞어주세요.

3. **야채 손질하기** :: 당근과 호박 등 야채는 샐러드마스터 머신으로 잘라 2의 반죽에 섞어주세요.

4. **익혀 내기** :: 1의 냄비 밸브가 딸랑거리면 반죽을 얹고 중약불에서 15분 가열 후 꺼내 접시에 담아 내세요.

Tip. 바나나우유는 바닐라와 우유 대신 넣었답니다. 집에 바닐라 에센스나 바닐라향이 따로 없다면 바나나우유를 사용하세요.

밤
과자

상투과자, 구리볼이라고도 불리는 밤과자는 보통 계핏가루를 사용해서 만들지만 요즘은 백년초, 녹찻가루, 황치즈가루, 코코아가루 등을 첨가하여 다양한 색상의 밤과자를 만든답니다.

재료

춘설앙금(흰 팥앙금) 500g,
생크림 25g, 물엿 10g,
계핏가루 1작은술, 계란
노른자 1개, 아몬드가루 20g

사용제품

오일 스킬렛

만드는 방법

1 **가루 준비하기** :: 생크림과 계핏가루, 물엿, 아몬드가루와 노른자를 잘 섞어주세요.

2 **반죽하기** :: 춘설앙금을 넣어 섞어주세요.

3 **반죽 짜기** :: 짜주머니에 깍지를 끼우고 혼합한 재료를 넣고 짜서 밤 모양으로 만들어주세요.

4 **구워 내기** :: 약불에서 종이호일을 2장 깐 팬에 15분간 구워주세요. 조금 식은 후 팬에서 떼어낸 뒤 그릇에 담아주세요.

호두
미니
머핀

재료

박력분 75g, 베이킹파우더 ½작은술, 계란 100g, 노른자 20g, 설탕 100g, 꿀 1작은술, 버터 75g

호두 조림

호두 40g, 설탕 100g, 물 30g

사용제품

1Qt 냄비(호두 조리기), 11Inch 스킬렛

만드는 방법

1 반죽 만들기 :: 계란과 노른자를 넣고 부드럽게 풀어준 후 설탕과 꿀을 넣어 혼합한 뒤 박력분과 베이킹파우더를 체쳐 넣고 가볍게 섞어주세요.

2 숙성시키기 :: 버터를 중탕해서 녹여준 뒤 1에 섞고 냉장고에서 2~3시간 숙성(휴지)시켜 주세요.

3 호두 조리기 :: 냄비에 물과 설탕을 넣어 약불에서 젓지 말고 갈색이 되도록 끓입니다. 4절 정도로 잘라둔 호두를 넣고 살짝 조려 기름종이 위에 조린 호두를 하나씩 떨어뜨리고 식혀주세요.

4 반죽 붓기 :: 틀 안에 반죽을 ⅔만 채우고 그 위에 조린 호두를 올려놓습니다.

5 구워내기 :: 예열된 스탠냄비에 유산지를 깔고 그 위에 머핀 틀을 넣고 약불에서 약 15분 정도 구워주세요.

아이들 간식으로, 손님접대에도 아주 좋은 미니 머핀입니다. 머핀은 영국에서 아침식사나 티타임에 주로 즐기는 빵이라고 하죠? 두뇌에 좋은 호두를 넣어 작은 사이즈로 만들면 눈과 입이 모두 즐겁답니다.

팥 시루떡

찹쌀가루와 삶은 팥을 켜켜이 얹어 쪄내는 팥 시루떡은 팥의 붉은색이 잡귀를 막는다하여 고사를 지내거나 이사를 할 때, 집 지을 때, 함 받을 때 시루째 올려놓는 친근한 떡이지요. 찹쌀가루와 팥만 있으면 샐러드마스터를 이용하여 집에서 손쉽게 팥 시루떡을 만들 수 있습니다. 집에서 바로 만들었다고 하면 손님도 깜짝 놀란답니다.

재료

찹쌀가루 500g, 팥 250g, 설탕 2½큰술, 소금 1작은술

사용제품

오일 스킬렛, 3Qt. 냄비

만드는 방법

1 팥 손질하기 :: 팥을 3Qt. 냄비에 넣고 끓으면 물을 버린 뒤, 팥 3배 분량의 물을 넣어 강불에서 끓기 시작하면 불을 중약불로 낮춰 졸여주세요.

2 팥고물 만들기 :: 물이 거의 졸아들면 설탕과 소금을 넣고 뚜껑을 열어 저어주면서 물을 증발시킨 뒤 팥이 보송해지면 약간 으깨 준비해두세요.

Tip. 팥 100g당 설탕 1큰술의 비율로 준비하면 적당합니다.

3 팬 준비하기 :: 오일 스킬렛에 키친타올을 도톰하게 깔고 물 한 컵을 붓고 그 위에 베보자기나 종이호일을 깔아주세요.

Tip. 종이호일은 수증기가 순환될 수 있도록 구멍을 뚫어 준비해주세요.

4 익혀 내기 :: 3에 삶은 팥을 깔고 찹쌀가루를 깐 뒤 그 위에 남은 팥을 얹어 뚜껑을 닫고 135도에서 35분 익힌 뒤 10분간 뜸을 들이고 담아 내세요.

LA 찹쌀 케이크

우리의 전통 떡을 그리워하던 LA의 교포분이 처음 개발하셨다는 찹쌀 케이크.
멀리 미국뿐만 아니라 이제는 한국에서도 많이 드시죠. 달콤하고 고소한 맛에,
각종 소들로 모양까지 예뻐서 간식이나 선물로도 아주 좋답니다.

재료

찹쌀가루 500g, 계란 1개, 우유 180cc, 팥배기 · 완두배기 · 콩배기 각각 100g, 견과류 약간

사용제품

8.6Inch (스몰)스킬렛

만드는 방법

1 **예열하기** :: 냄비를 미리 약불에 예열하세요.

2 **재료 반죽하기** :: 볼에 찹쌀가루와 계란을 넣고 우유를 나누어 넣으면서 섞어주세요.

3 **속재료 넣기** :: 2에 콩배기, 팥배기, 견과류 등을 넣고 잘 섞어주세요.

4 **구워내기** :: 예열된 냄비에 포도씨유를 살짝 바른 후 3을 넣어 20분 정도 굽고, 뒤집어서 10분 정도 더 구워주세요.

Tip. 스킬렛의 예열은 뚜껑이 뜨거워질 때까지 하세요.

찰보리빵

경주의 대표 간식으로 시작되어 전국적으로 널리 퍼진 찰보리빵.
찹쌀보리는 당뇨병에 좋고 장 기능 강화에도 좋답니다.
밀가루보다 훨씬 몸에 좋겠죠?
시판되는 팥앙금을 사용하면 간편하게 만들 수 있답니다.

재료

설탕 120g, 물엿 10g, 계란 3개, 연유 55g, 찰보리가루 150g, 탈지분유 20g, 베이킹파우더 ¼작은술, 베이킹소다 ½작은술, 식용유 50g, 우유 80~120g

토핑

고운 팥앙금

사용제품

11Inch 스킬렛

만드는 방법

1 가루 준비하기 :: 찹쌀보리는 아주 곱게 가루 낸 후 채를 쳐 준비하세요.

2 반죽 준비하기 :: 계란을 먼저 풀어준 후 설탕을 천천히 넣고 연유를 넣은 뒤 물엿을 넣고 설탕이 완전히 녹도록 저어주세요.

3 반죽하기 :: 2에 찰보리가루, 탈지분유, 베이킹파우더, 베이킹소다를 섞어 채쳐 넣고, 식용유와 우유를 넣어 섞어주세요.

4 빵 굽기 :: 미리 예열된 팬에 기름을 살짝 둘러 닦아낸 후 지름 6cm로 모양을 잡아서 구워 내세요.

5 완성하기 :: 빵의 한 면에 팥앙금을 바르고 다른 빵으로 붙여 완성해주세요.

생 초콜릿

달콤하고 말랑한 생 초콜릿은 만들기 쉬워 선물용으로 좋답니다.
하지만 쉽게 녹기 때문에 차갑게 보관해야 하고, 하루 이틀 안에 다 드셔야 합니다.
초콜릿을 녹일 때 커피 엑기스나 깔루아, 럼 등을 첨가하면 색다른 맛을 즐길 수 있지요.

재료

다크 초콜릿 200g, 화이트 초콜릿 60g, 생크림 ½컵, 물엿 1큰술, 꿀 1큰술

장식 재료

녹차 가루 약간, 코코아 가루 약간

사용제품

1Qt. 냄비

만드는 방법

1 틀 준비하기 :: 무스틀이나 네모난 상자 등 초콜릿을 굳힐 틀에 유산지 또는 비닐을 깔아 준비합니다.

2 생크림 끓이기 :: 생크림을 약불로 보글보글 끓이면서 꿀과 물엿을 넣어주세요.

3 초콜릿 녹이기 :: 2의 끓은 생크림을 불에서 내려 준비된 초콜릿을 넣어 잘 저어 녹여주세요.

4 굳히기 :: 크림처럼 된 초콜릿을 준비해둔 틀에 넣어 차가운 곳에 식히듯이 굳혀주세요.

5 모양잡기 :: 굳어진 초콜릿은 원하는 모양으로 잘라주세요. 쉽게 말랑해지기 때문에 원형으로 만들 수 도 있어요.

6 가루 입히기 :: 코코아 가루나 녹차 가루 등 준비해둔 가루를 입혀주세요.

미니 초코 타르트

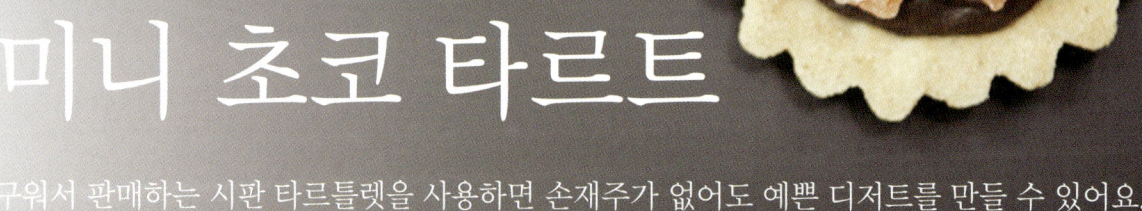

구워서 판매하는 시판 타르틀렛을 사용하면 손재주가 없어도 예쁜 디저트를 만들 수 있어요.
취향에 따라 준비한 각종 견과류와 건과일로 초코 타르트를 만들어봅니다.

재료

생크림 25g, 다크 커버춰 초콜릿 60g, 럼주 ½큰술, 미니 타르틀렛 10개

장식 재료

견과류와 건과일 취향에 따라 (크랜베리, 건포도, 건무화과, 마카다미아, 피스타치오, 아몬드 등)

사용제품

1Qt. 냄비

만드는 방법

1 초콜릿 준비하기 :: 생크림을 끓인 뒤, 50도로 식히고, 초콜릿을 넣어 녹인 다음 럼주를 넣고 섞어줍니다.

2 장식하기 :: 준비된 초콜릿을 미니 타르트에 채워 넣고, 그 위를 견과류와 건과일로 장식합니다.

3 굳히기 :: 2~3시간정도 냉장고가 아닌, 차가운 곳에서 식혀 굳혀주세요.

요구르트 과일 샐러드

홈메이드 요구르트를 이용한 간단 디저트입니다.
샐러드마스터에 재료만 넣어두면 신경 쓰실 게 없답니다.
예쁜 그릇에 담아 내시면 기분 좋게 식사를 마무리할 수 있어요.

재료

우유 5컵, 플레인 요구르트 1병, 샐러드 재료(취향에 따라 과일류, 견과류, 레몬즙, 설탕, 쿠앵트로, 꿀 등)

사용제품

MP5 또는 오일 스킬렛

만드는 방법

1 우유 넣기 :: MP5에 실온에 둔 우유 5컵을 넣어주세요.

2 요구르트 넣기 :: 1에 플레인 요구르트를 넣고 잘 섞어주세요.

3 가열하기 :: 65도에 10분을 맞춰둔 후 10분이 지나면 그 상태로 5~6시간 두세요.

4 담아 내기 :: 완성되면 요구르트를 냉장했다가 레몬즙, 설탕, 꿀, 쿠앵트로를 넣고 과일, 견과류 등에 얹어 담아 냅니다.

Tip. 함께 담아 내는 과일은 색상이 예쁘도록 키위, 파인애플, 복숭아 등을 취향껏 쓰세요.

천도 복숭아 잼

예쁘고 맛있는 과일 복숭아. 단백질과 아미노산이 많이 들어 있는 건강식품이지요. 변비를 치료하고 대장암 예방에도 좋다는 천도복숭아는 비닐하우스 재배가 어려워 사시사철 먹을수가 없지요. 복숭아의 계절이 되면 미리 천도복숭아 잼을 만들어두세요.

재료

천도복숭아 2kg, 설탕 300g, 레몬즙 2큰술, 와인 2큰술

사용제품

오일 스킬렛 또는 MP5

만드는 방법

1 과일 익히기 :: 전기냄비에 천도복숭아를 넣고 180도로 가열하세요.

2 설탕 넣기 :: 밸브가 딸랑거리면 천도복숭아를 으깨면서 설탕과 레몬즙, 와인을 넣어주세요.

Tip. 포테이토 매셔 등으로 으깨면 편히답니다.

3 졸이기 :: 수분이 줄어들도록 뚜껑을 열고 졸여주세요.

토마토 주스

빨간 토마토는 그냥 먹어도 좋지만 기름성분과 함께 먹으면 소화흡수가 잘 되어 더 좋다고 하죠. 완숙 토마토로 아주 쉽게 만드는 토마토 주스. 지중해 사람들의 건강비법이랍니다.

재료

완숙 토마토 2kg, 올리브유 ½큰술, 소금 약간, 보관용 병 6~8개

사용제품

MP5

만드는 방법

1 과일 익히기 :: 토마토를 먹기 좋게 잘라서 MP5에 넣어 끓여주세요.

2 끓이기 :: 200도에서 밸브가 딸랑거릴 때까지 두세요.

3 간 맞추기 :: 껍질을 걷어내고 으깬 뒤 소금과 오일로 간을 맞추세요.

물 없이 찐 옥수수

샐러드마스터의 가장 큰 장점. 무수분 요리입니다.
물 없이 쪄내는 옥수수는 옥수수 속의 좋은 성분을
그대로 다 간직하고 있어서 맛과 영양이 뛰어나답니다.
담백한 맛에 빠져보세요. 한번 맛보면,
설탕 넣고 물에서 삶는 옥수수는 못 먹습니다.

재료

옥수수

사용제품

5Qt. 로스터(또는 옥수수 길이에 맞는 크기로)

만드는 방법

1 **옥수수 손질하기** :: 옥수수는 껍질을 한 겹만 남기고 살짝 씻어 준비한 뒤 길이에 맞는 크기의 냄비에 담아두세요.

2 **익히기** :: 물을 넣지 말고 중불에서 밸브가 딸랑거릴 때까지 두세요.

3 **뜸 들이기** :: 약불로 줄여 30~40분 뒤 꺼내세요.

Tip. 재료 자체의 간으로 맛을 내는 찐 옥수수입니다. 껍질이 없다면 중약불로 가열하세요.

4.8 행복을 더하는 빵, 과자, 디저트 요리하기

아망드
쇼콜라

집어먹기 좋아 선물용으로 안성맞춤인
아망드 쇼콜라.
만들기 간단하고, 크기가 작아
포장하기도 편해서 선물용으로 참 좋아요.

재료

아몬드 200g, 설탕 3큰술, 물 4큰술, 다크 커버춰 초콜릿 150g

장식 재료

코코아 파우더 3큰술, 녹차 파우더 3큰술

만드는 방법

1 시럽 만들기 :: 설탕과 물을 넣고 젓지말고 그대로 끓여 시럽을 만들어줍니다.

2 시럽 입히기 :: 시럽이 끓으면 아몬드를 넣고 뒤적이며 하얀 분이 날 때 까지 섞어주세요.

3 캬라멜화 하기 :: 하얗게 된 분이 다시 캬라멜 색이 될 때 까지 조금 더 가열하며 저어줍니다.

4 아몬드 굳히기 :: 아몬드에 설탕시럽이 완전히 코팅되면 불에서 내려 유산지를 깔아둔 쟁반에 하나씩 펼쳐 식혀주세요.

5 초콜릿 코팅하기 :: 초콜릿의 절반을 중탕으로 녹여 아몬드를 넣고 하나씩 코팅해서 굳히고, 아몬드가 굳으면 같은 방법으로 한번 더 코팅합니다.

6 가루 장식하기 :: 코팅 된 아몬드를 코코아 파우더와 녹차 파우더에 취향대로 묻혀주세요.

보리 찐빵과 계란찜

냄비를 쌓아 올려 요리하는 보리찐빵과 계란찜입니다.
샐러드마스터는 바닥 면부터 측면 윗부분까지 균일하고 빠르게
열을 전달시켜 주기 때문에 냄비를 쌓아 올려 요리할 수 있답니다.

보리 찐빵

재료 :: 제빵용 보릿가루 400g (보리 50%, 현미 48%, 물, 설탕 2%), 물 230g, 생 탁주 (발효용) 120g, 완두배기, 팥배기, 옥수수, 호두 (당근, 양파, 견과류, 건과일 등 취향껏)

Tip. 완두배기, 팥배기가 아닐 경우 설탕 2큰술 추가

사용제품 :: 3Qt. 냄비(8.6Inch 냄비로 뚜껑 덮어주기)

만드는 방법

1 반죽 만들기 :: 물에 탁주를 넣고, 보릿가루를 섞어 풀어주세요.
2 고명 넣기 :: 1에 완두배기, 팥배기, 견과류등 고명 재료를 넣어주세요.
3 빵 찌기 :: 김 오른 스티머에 베보자기를 깔고 강불에서 20분간 쪄주세요.

계란찜

재료 :: 계란 3개, 물 ½컵, 실파, 소금 (새우젓 또는 명란젓)

사용제품 :: 1Qt. 냄비

만드는 방법(스티머 2단)

1 계란물 준비하기 :: 1Qt.냄비에 계란과 물을 섞어 넣고 소금간 한 뒤 실파를 뿌려두세요.
2 익히기 :: 보리 찐빵 위에 두고 15분간 (보리 찐빵 완료 시까지) 익혀주세요.

Tip. 일반 계란찜

1 물 준비하기 :: 1Qt. 냄비에 물을 붓고 강불로 켜두세요.
2 계란 준비하기 :: 계란과 실파, 소금(또는 젓갈)을 풀어 준비하세요.
3 물에 넣기 :: 밸브가 딸랑거리면 1에 계란물을 부어주세요.
4 익히기 :: 밑면이 익을때까지 물과 계란이 섞이도록 저은 후 불을 끄고 5분쯤 두세요.